正教会の祭と暦

クリメント北原史門 著

EURASIA LIBRARY

ユーラシア文庫
2

はじめに

本書は、現代の正教会における生活の基盤となっている暦・祭について、正教の司祭が教会での生活の場から、粗描を試みるものです。

読者対象としては、正教会についての本を読んだ事がない方、読んだことはあっても、実際に正教会においてどのように信者が生活しているかという視点からの本は読んだ事がない方、また、正教信者を相手にする事が多いビジネスマン、旅行会社関係者、報道関係者等を想定しています。

暦・祭の歴史的な形成過程は割愛しています。また、信者さんにお話する祭の意義や信仰生活において重要な教えについても、外せない最低限のものに止まっています。信者の信仰生活において糧になる教えについては、国内各地の正教会（日本正教会公式ホームページ http://www.orthodoxjapan.jp/ に御案内があります）で直接お話を聞かれるか、もしくは正教会における書籍頒布品等をお求め頂きたく思います。

本書一冊を読めば正教の祭の全てが分かる、という事は決してない事を強調したいと思います。

また、例えば茶道について百冊本を読んだとしても、実際に茶席に一度も行った事のない人の理解には限界があるでしょう。同じように正教会の祭についても、最低限の参加・体験は必要となります。本書を読まれた方は、ぜひ日本の正教会、あるいは海外旅行先の正教会での祭を御覧頂くことをお勧めします。

目次

正教会の祭と暦

序　章

祭について知る事が正教を知る近道

正教会には沢山の祭があります。正教会の教えや、正教会の生活について知りたい時、祭について知る事は大変解り易い近道になります。

私は正教の司祭として教会の勉強会やインターネットなどで、「正教の神学書を百冊読むよりも、正教の祭に百回参加することの方が、正教の理解には近道です。」とよく申しております。正教信者は、祭と、その準備である斎《ものいみ》のサイクルの中に生きていますが、神学書を読む信者はごく一部にとどまるからです。

正教会の大まかな流れ

正教会は、東方正教会、ギリシャ正教とも呼ばれる、キリスト教の教会です。新約聖書に書かれている教会が始まった時から成長し続ける伝統に生き、現代まで信仰生活を続けています。ヒマワリの種が花開いても同じくヒマワリであるように、成長して外見に色々な違いが生じても、正教会は教会の始まりから変わりません。したがって、正教会は「変化」しません。教会は生活し、成長し続けます。

エルサレムに始まったキリスト教（正教）は、地中海沿岸全域に広がりました（正教会は、初代教会もまた正教、正教会として捉えています）。そしてまず4世紀前半、コーカサスのアルメニア、グルジア（サカルトヴェロ）といったコーカサスの国々がキリスト教を国教とし、380年、ローマ帝国もまたそれに続きました。

その後、ローマ帝国が東西に分裂してからも、数百年の間は東方と西方のキリスト教の間の交流は保たれていましたが、およそ8世紀頃から12世紀にかけて（時期については見解の違いはありますが）ローマ主教座は正教会との差を深めて西方教会として分かれていき、ローマ・カトリック教会となっていきました。1054年のコンスタンディヌーポリ総主教とローマ教皇の間で起きた相互破門が分裂の目安として（特に日本での大学受験世界史等で）使われる事も多いのですが、最終的に東西教会の分裂が確定したのは1204年、西欧諸国の第4回十字軍がコンスタンディヌーポリに攻め込んだ年のことです。さらにローマ・カトリック教会から、16世紀頃に宗教改革によってプロテスタントが分かれていきました。

今の正教会は、「全地総主教」の称号を持つコンスタンディヌーポリ総主教（コンスタンティノポリ総主教・巻末用語解説参照）を名誉上のトップとしつつ、アレクサンドリア総主教、アンティオキア総主教、イェルサリム（エルサレム）総主教、モスクワ総主教、セルビア総主教、ルーマニア総主教、ブルガリア総主教、サカルトヴェロ（グルジア）総主教、以上九名の総主教達がいて、ほか総主教ではない独立正教会・自治正教会の首座主教達を加えて、一つの国に一つの正教会組織を作る事を原則として緩やかに結び付いています。コンスタンディヌーポリ総主教（全地総主教）は、複数の総主教が集まる際に議長を務めたり、最上の上座に立ったり座ったりということはありますが、全世界に勅令・指令のようなものを出す権限はありません。

「一つの国に一つの正教会組織」の例として、ギリシャ正教会、キプロス正教会、グルジア（サカルトヴェロ）正教会、ブルガリア正教会、セルビア正教会、ロシア正教会、ルーマニア正教会、アメリカ正教会、フィンランド正教会などが挙げられます。これらの諸教会組織は、正教の信仰内容を共有しお互いに頻繁に交流しつつ、普段の教会生活・運営・財政は、それぞれ独立・自立しています。

現代の正教会では、特に西欧米において、東欧・東地中海地域から来た移民ごとに正教会組織が形成され、一つの地域に複数の正教会組織が並立する現象が起き、「一つの国に一つの正教会」という原則から外れる例外が少なくありません。悪くすると民族主義やセクショナリズムに繋がることも有り得るため、「正教の離散問題」として全世界の正教会で悩ましい課題となっています。ただ、この問題を良い方向に解決するため、各地の正教会同士で様々な連絡会議や共同の常設機関が設けられ、時間をかけつつも前向きな取り組みがなされてもいます。

日本には自治正教会である日本正教会があり、北海道から鹿児島まで全国に約60箇所の教会があります。ニコライ堂（東京復活大聖堂教会）はその首座主教座教会であり、主教座教会としてはほかに仙台ハリストス正教会、京都ハリストス正教会があります。

東西教会の違いについて

先に、私は正教の司祭であるため、敢えてその立場に則った書き方「正教会から西方教会が分れて行った」をしました。一方でローマ・カトリックは基本的に「自教会（ローマ教皇）から正教会とプロテスタントが分かれて行った」と考えますし、プロテスタントにはまた別の様々な歴史認識があります。この種の問題で完全に中立的な見解や表現というものは存在し得ません。「初代教会から二つの教会に分かれた」といった書き方も、一つの見解例であるにとどまります。

ここでは正教会が自教会を「どこからか分れた教会である」とは捉えていないことが重要です。「正教会とローマ・カトリック教会の主な違いは何なのか」について、人によって言われる内容が異なるのは、東西教会が一つの議論・論争でいきなり分裂したのではなく、「長い時間をかけ差が深まって分裂に至り、お互い、自分が『分かれる』側とは認識していなかった」事とも関係があります。

本書では、ローマ・カトリック教会、聖公会、プロテスタントといった西方教会における祭・暦と、正教会における祭・暦との比較には（小さからぬ違いはあるのですが）あえてほとんど触れません。紙幅の都合もありますが、祭や暦はあくまで「伝統の発展」の中で培われたものであり、「東西教会の違い」が教会・信者に意識される事はほとんどないからです。

聖伝

正教会において聖伝とは、神からの啓示に基づく生活体験や教えの継承です。修道士でありかつ神学者であるセルビアの聖イウスチン・ポポヴィッチ（1894－1979年）は、聖伝を「ハリストス（キリスト）にあっての生活＝至聖三者《しせいさんしゃ》（三位一体の神・巻末用語解説参照）にあっての生活、ハリストスにあっての成長＝至聖三者にあっての成長」であるとまとめています。こうした生活や成長から切り離された聖書理解や神学というのは正教会において有り得ませんし、切り離して理解しようとしても、それは正教会における生活理解には役に立ちません。

聖伝には、聖書、全地公会議の確認内容、奉神礼《ほうしんれい》（正教会の祈祷・儀礼の総称）、イコン、聖歌、聖師父の著作などが膨大に含まれますが、中でも多くの信者が日常的に接しているのが、奉神礼を含む祭（とその準備である斎《ものいみ》）です。聖書は奉神礼（礼拝）の祈祷文として沢山使われており、信者は聖書に聖伝の中で接します。

正教会についてよく受ける質問の一つに、「正教会でもカトリックやプロテスタントと同じ聖書を使っているのですか」というものがあります。

旧約聖書のうち何を正典として認めるかの範囲についてプロテスタントとの違いはありますが（「続編」と新共同訳聖書で分類されている部分も正教会で正典です）、正教会でも旧約聖書と新約聖書を使っています。聖書を読む事は正教会でも推奨されます。

聖書は聖伝の中で理解することが必要であるとされます。聖書は聖伝の一部であると理解され、書かれた聖伝の中で最も大事なものである、と位置付けられます。しかし聖書だけを読んでも、正教会を理解するには遠く及びません。

たとえば「我は生命《いのち》の餅《パン》なり」という言葉が聖書に書かれていますが（イオアン福音〔ヨハネによる福音書〕6章35節）、これを「聖体礼儀のことを指している」と理解するのは、正教会の聖伝に拠ります。

正教会について大まかなイメージを掴むのには、「神学」や「聖書注解」について何十冊もの本を読むよりも祭について見て行くことが、先には「近道」と表現しましたが、実は「不可欠」でもあるのです。

呼び名

多くの場合、「正教」といった場合には特にその信仰生活や教えを指し、「正教会」といった場合には特に教会全体を組織として指す傾向があります。

正教あるいは正教会というよりは、日本では「ギリシャ正教」「ロシア正教」と言った言葉の方が使われる傾向がありますが、教会全体の名を表すには、いずれもあまり適切ではありません。

ギリシャ正教という呼び名は、正教会が歴史的にギリシャ語を中心に発展して来たことに由来しており、英語圏ではよく使われます。正教会の当事者も外部向けに「ギリシャ正教」と自称することはあり、この用語は完全な誤りではありません。

しかしギリシャ語を使わない人々（シリア人など中東の諸民族、グルジア人などコーカサスの諸民族、スラヴ系諸民族ほか）によっても古くから正教は信仰され続けています。さらに本書では、ギリシャの習慣を中心に扱うわけではありません。たとえばセルビアの習慣について触れる際に「セルビアのギリシャ正教では」と書きますと、かえって混乱の元です。

また、ロシア正教という呼び名は、正教会全体を指すには「ギリシャ正教」以上に不適切です。日本に正教を伝えたのは、ロシア正教会の大主教聖ニコライ（ニコライ・カサートキン）でしたから、日本においては「正教会＝ロシア正教会」というイメージが根強いかもしれません。しかし外国語の文献でも、正教会全体をロシア正教と呼ぶことはあまりありません。大主教聖ニコライも「ロシア正教」ではなく「正教」を伝えることを徹頭徹尾志向していました。

本書では、教会全体を指して言う時には「正教会」、信仰内容を言う時には「正教」で統一しています。

全正教会に共通する伝統と各地正教会の伝統

全世界の全ての正教会は同じ教え、同じ信仰を共にしています。しかし幾つかの習慣の面では、特定の地域に限定されるものがあります。難しいことに地域限定の習慣の方が視覚的に目立つため、各地の正教会はかなり異なった内容の祭を祝っているように見えがちで、実際「違う部分」を特に強調して外部の方から書かれてしまう事も少なくありません。たとえば第9章で書きます神現祭（主の洗礼祭）ですが、地方によっては行われる「寒中水泳」が強い印象を残し、よく外部の方から書かれますが、「寒中水泳」が祭の本質でもなければ、該当する地域でも全信者が参加するわけでもありません（むしろごく一部に止まります）。

他にも例えば、セルビア正教会には家族の守護聖人を記憶する祭「スラヴァ」があります。個人の聖名《せいな》（洗礼名）の由来となっている守護聖人の聖名日《せいなび》があるのは全世界の正教会に共通していますが、家族の守護聖人を記憶する「スラヴァ」があるのは、セルビア正教会だけです（セルビア本国のみならず、セルビア系移民によって西欧米に建てられたセルビア正教会でも祝われます）。

こうした「外部の方から見た時、視覚的に印象に残る各地に独特な祭」だけを見ますと、各地の正教会に共通するものが見えにくくなります。

本書では、「視覚的に目立つ祭」を中心にせず、「全世界の正教会の信者に共通する祭・暦」の概要を紹介していきます。

第１章　暦の日付

旧暦と新暦（ユリウス暦・修正ユリウス暦・グレゴリオ暦）

本書では正教の祭について二つの日付を併記しますが、なぜそのような必要があるのかが、本章のテーマになります。

「ロシアのクリスマスは１月７日に祝われる」と、時々書かれ、ニュースなどでも報じられることがあります。全くの誤りではないものの、正確ではありません（正教会では「クリスマス」ともあまり呼ばず、「主の降誕祭」「降誕祭」と呼びます）。

まず「降誕祭が『1月7日』に祝われ」ますのはロシア正教会だけではありません。さらに、ユリウス暦を使うこれら正教会でも主の降誕祭は「12月25日」に祝われています。ただしその「12月25日」は、これら諸教会においては「ユリウス暦の12月25日」です。

21世紀現在、ユリウス暦とグレゴリオ暦の間には13日間のズレがあります。例えば21世紀では、ユリウス暦の1月1日は、グレゴリオ暦では1月14日に相当し、ユリウス暦の12月25日が、グレゴリオ暦の1月7日にあたります。22世紀にはズレは14日間に拡大し、ユリウス暦の12月25日は、グレゴリオ暦では1月8日にあたることになります。

ユリウス暦は、実際の季節とはズレが出て来たため、16世紀にローマ・カトリック教会ではローマ教皇によってグレゴリオ暦が導入されましたが、正教会は復活大祭の計算に問題が発生することなどからこの新暦の導入を拒否しました（プロテスタントでもグレゴリオ暦に対して異論が起こり、同じ西欧でも、プロテスタント諸国ではグレゴリオ暦の導入が遅れました）。

しかし20世紀に入り、正教会においても実際の天体の運行とユリウス暦のズレが拡大することが問題であると考える人々が出て来ました。その結果、セルビア人の学者ミルティン・ミランコヴィッチが提唱した計算方法による「修正ユリウス暦」が一部教会で採用されました。これはグレゴリオ暦を超える正確さを謳うものですが、２８００年まではグレゴリオ暦との間にズレは生じません。一方で、この新暦の採用は全正教会が一致したものではなく、ユリウス暦を使用する正教会も少なからず存在するのは先述の通りです（下の表参照）。

また、新暦を採用した諸正教会内で、新暦導入に反対する少なからぬ集団が分裂してしまいました。彼らは「旧暦派」「古暦派」等と呼ばれ、21世紀現在でも一定規模のグループを維持しています。なお、フィンランド正

ユリウス暦を使用する正教会

エルサレム総主教庁、ロシア正教会、セルビア正教会、グルジア正教会、アトス山、日本正教会、各地の旧暦派

修正ユリウス暦を使用する正教会

コンスタンディヌーポリ総主教庁、アレクサンドリア総主教庁、アンティオキア総主教庁、ブルガリア正教会、ルーマニア正教会、ギリシャ正教会、アメリカ正教会

グレゴリオ暦を使用する正教会

フィンランド正教会、エストニア使徒正教会

教会、エストニア使徒正教会は、グレゴリオ暦を採用しています。

こうして正教会では、ユリウス暦、修正ユリウス暦、グレゴリオ暦という、三つの暦が併存し、祭を祝う日が一致しないという問題が残念ながら生じています。一方で、修正ユリウス暦を使用する正教会も、復活大祭（パスハ）の計算だけはユリウス暦に従って行うようにしており、グレゴリオ暦を使う正教会以外では、復活大祭の日付は全世界の正教会で一致するようになっています。

本書では、祭等の教会暦上の日付について、「12月25日／1月7日」のように併記します。上段は教会暦上定められている日付。下段はユリウス暦を使用している諸正教会が祝う日が、20世紀・21世紀において、グレゴリオ暦の何日に相当するかを示すものです。

動暦と不動暦――移動祭日と固定祭日

正教会暦には様々なサイクルがありますが、ここでは日付に関するサイクルを紹介します。動暦と不動暦というサイクルがあります。

動暦に属する祭日は移動祭日と呼ばれます。毎年変わる復活大祭（パスハ）の日付を基準にして、移動祭日も連動して毎年変わります（下の表参照）。移動祭日の主なものには復活大祭、聖枝祭、升天祭、五旬祭などがあり、ほかに復活大祭前の備えである大斎《おおものいみ》の期間における主日《しゅじつ》（日曜日のこと）、復活大祭期にある各主日も、復活大祭に連動します。

不動暦に属する祭日は固定祭日と呼ばれます。その名の通り固定祭日は日付が固定されています。たとえば主の降誕祭は12月25日です。21世紀現在では旧暦使用教会では「12月25日」がグレゴリオ暦の1月7日に相当することは前節で述べました通りです。その他固定祭日の主なものには生神女誕生祭《しょうしんじょたんじょうさい》、十字架挙《じゅうじかきょ》栄祭《えいさい》、生神女進堂祭《しょうしんじょしんどうさい》、神現祭《しんげんさい》、迎接祭《げいせつさい》、生神女福音《しょうしんじょふくいん》祭《さい》、顕栄祭《けんえいさい》、生神女就寝祭《しょうしんじょしゅうしんさい》などがあります（イイスス・ハリストスの母マリヤを指す「生神女《しょうしんじょ》」という称号についてては巻末用語解説参照）。

	赦罪《しゃざい》の主日《しゅじつ》	復活大祭《ふっかつたいさい》	升天祭《しょうてんさい》	五旬祭《ごじゅんさい》
2015年	2月9日/2月22日	3月30日/4月12日	5月8日/5月21日	5月18日/5月31日
2016年	2月29日/3月13日	4月18日/5月1日	5月27日/6月9日	6月6日/6月19日
2017年	2月13日/2月26日	4月3日/4月16日	5月12日/5月25日	5月22日/6月4日
2018年	2月5日/2月18日	3月26日/4月8日	5月4日/5月17日	5月14日/5月27日
2019年	2月25日/3月10日	4月15日/4月28日	5月24日/6月6日	6月3日/6月16日
2020年	2月17日/3月1日	4月6日/4月19日	5月15日/5月28日	5月25日/6月7日
2021年	3月1日/3月14日	4月19日/5月2日	5月28日/6月10日	6月7日/6月20日
2022年	2月21日/3月6日	4月11日/4月24日	5月20日/6月2日	5月30日/6月12日
2023年	2月13日/2月26日	4月3日/4月16日	5月12日/5月25日	5月22日/6月4日
2024年	3月4日/3月17日	4月22日/5月5日	5月31日/6月13日	6月10日/6月23日

また基本的に、聖人の記憶日（聖人を想い起して祈る日）はほとんどが固定祭日となっています。例えばミラ・リキヤの奇蹟者聖ニコライ（ギリシャ語からニコラオスとも。3世紀末～4世紀前半の聖人で、船乗りや旅行者など、様々な人々の守護聖人として知られます）の主な記憶日となる永眠記憶日は12月6日／12月19日、不朽体《ふきゅうたい》（聖人の腐っていない遺体の一部または全部）の移動の記憶日は5月9日／5月22日です。聖ニコライのように著名で特に記憶される聖人の場合、記憶日がこのように複数設定されていることがあります。

一方で、ごく僅かながら、移動祭日となっている聖人の記憶日もあります。例えばエギペトの聖マリヤ（エジプトの聖マリヤ・巻末用語解説参照）は、4月1日／4月14日に記憶日が設定されているほか、大斎第五主日《おおものいみだいごしゅじつ》という、復活大祭の2週前の主日（日曜日）にも記憶されます。

他に、復活大祭に連動する移動祭日ではなく、固定祭日と主日《しゅじつ》（日曜日）の関係で記憶日が移動する聖人がいます。例えば、降誕祭の一つ前の主日は聖世祖《せいせいそ》の主日と呼ばれ、アダムからイオシフ、生神女マリヤといったハリストスの肉体上の系図における人々のみならず、旧約聖書における預言者や義人（正しい人）達も記憶されます。降誕祭の直後に来る主日には、生神女《しょうしんじょ》の浄配義人《じょうはいぎじん》聖イオシフ（生神女マリヤの配偶者・夫であった聖ヨセフ）、聖王ダヴィド（ダビデ）、主の兄イアコフ（ヤコブ――正教会では、当時既に年老いていた聖イオシフが、生神女マリヤの保護者として結婚する際に先妻の子として連れていた、イイスス・ハリストスの異母兄とされています）が記憶されます。

毎日の奉神礼《ほうしんれい》（奉事）は、動暦のサイクルと不動暦のサイクルの両方を組み合わせて構成されます。動暦の祭と不動暦の祭が重なる場合、どのように当日の奉神礼を構成するかは、それぞれの祭ごとに定められます。

ユリウス暦を使用する諸正教会では移動祭日である復活大祭と、固定祭日である生神女福音祭が重なる事が稀にありますが、これは「キリオパスハ」と呼ばれて祝われます。２０１４年現在で最後のキリオパスハは奇しくも、宗教を弾圧していたソ連が崩壊した１９９１年の３月25日（４月７日）でした。次のキリオパスハは２０７５年となります。

第2章　斎《ものいみ》から祭《まつり》へ

祭に向けての準備としての斎

正教会の祭は斎《ものいみ》とセットになっています。斎とは、祈りや学びを増やし、食事の節制をして、自分の心身を祭に備える事です。祭日《さいじつ》に対し、斎をする日を斎日《ものいみび》と呼びます。正教会では斎にあたり、自己満足に陥ったり、他人の斎のやり方を（「たるんでいる」とか、逆に「やり過ぎだ」などと）裁いたりしないよう繰り返し誡《いまし》められます。また、熱心な信者が節制し過ぎて体調を崩す事がないよう、場合によっては「もう少し多めに、適正な量を食べるように」などと指導することもされます。

一週間で斎と祭のサイクルがあります。正教会では土曜日と主日《しゅじつ》（日曜日）が一週の祭日であり、主日が週の中で最も重要な祭日です。一方で水曜日・金曜日が斎日《ものいみび》として定められています。なお、年に数回ある「不禁食週間《ふきんしょくしゅうかん》」には水曜日・金曜日の斎はありません。

一定期間がある斎は、年間で四つあります。降誕祭（12月25日／1月7日）前の斎（聖使徒フィリップの記憶日に斎が始まることから、「フィリップの斎」とも）、復活大祭（パスハ、移動祭日）前の大斎《おおものいみ》、首座使徒《しゅざしと》ペトル・パワェル祭（6月29日／7月12日）前の斎、生神女就寝祭（8月15日／8月28日）前の斎があります。

なお、「祭日《さいじつ》」であると同時に「斎日《ものいみび》」でもあるケースもあり、前駆授洗イオアン斬首祭（8月29日／9月11日）と十字架挙栄祭（9月14日／9月27日）は祭日でありかつ斎日です。

斎の食事制限

斎《ものいみ》の食品品目制限についてみていきましょう。

一番軽い斎では肉を断ちます。次に乾酪類（牛乳、チーズ、バター、ヨーグルトなどの乳製品全般）・卵、その次に魚、その次に油・酒という順番で、正教会暦に記された内容の食品を断っていきます。これらのやり方は修道院で神の啓示と体験をもとに発展して来ました。

ただ、終章の「参加の度合い」でも述べますが、全信者が等しく厳しい斎を守っているわけではありません。特に長い通勤時間といった労働環境が前提となっている現代社会の都市住民の信者が、これらの規定を修道院と同様に守るよう指導されるわけでもなければ、全て完全に守っているわけでもありません。

また、妊婦や病人に対しては、妊娠や病という肉体に負荷がかかっている状態自体が斎であるとして、斎は免除されます。実際の生活の場面では、体調を見た上での柔軟な指導がされています。

それでも、定期的に教会に来ている正教信者であれば、大半が大斎《おおものいみ》の期間中は第一段階の「肉を断つ」ようにはしています。斎の期間中に正教信者と会食する際、どの程度斎を意識している信者さんか分からない場合でも、肉料理しか出ないお店を選ぶのは避けた方が良いでしょう。

では、なぜ「肉」が第一段階に断つものとされているのでしょうか。魚が乾酪類・卵より後に来ることからも分かる通り、「不殺生」といった理由ではありません。ここに、斎の目的と意義を考えるヒントがあります。

斎の目的・意義

斎の目的・意義は沢山挙げられますが、ここでは三点を挙げます。まず、斎は「神への依存」を自覚し、神に立ち帰る機会であると捉えられます。食事を節制しますと、空腹と疲労を伴い、いつも満腹する自己満足から、神に向かい直る姿勢を回復する機会となります。肉を節制しますと、空腹と疲労がはっきりと表れます。そして自分で品目を選ぶのではなく、神からの教えとして肉を節制する時、一つの食品を節制することがどれだけ困難か、自分の弱さを知ることになります。そこで「自分は戒律を守っているから偉い」と高慢に陥ってしまっては、「自分の至らなさ・弱さを知る」という斎の意義からみても本末転倒です。祈りと、他者への赦《ゆる》しと憐みの必要性が強調され、斎による節制とその実りは、神の恵みによることが想い起されます。

二点目に、食事を節制する事で、食事と、それによって養われている自分の体の本来の価値とについて、本来あるべき姿が見えて来ます。斎《ものいみ》後、肉を久しぶりに食べますと、肉の美味しさを再発見できます。より厳しく斎を守った人は、卵や乳製品の美味しさも再発見できます。そして、食欲にまかせて食事をするのではなく、暴飲暴食に陥ることなく、自分の身体を神から与えられたものとして大事にすることを学びます。

三点目は、精神と肉体を切り離さないという考え方です。正教会では人を「頭脳」

「精神」だけを切り取ってそれだけを人の本質と捉えることはありません。コリンフ前書（コリントの信徒への手紙一）6章19節において「身体は聖神《せいしん》（聖霊）の殿《でん》」（「殿」は聖堂・神殿の意、聖神については巻末用語解説参照）と呼ばれるように、精神的生活において肉体も肯定的な役割を果たすと捉えられ、見えるものと見えないものが一体となった人間観を正教会は保持しています。この意味で、食事の節制を含む斎は、肉体的であると同時に精神的なものでもあります。

こうした斎を経て、正教の信者は祭を迎えますが、斎が辛い時期で、祭が楽しい時期、などと二分しません。

例えば料理と食事について、料理は辛いもので、食事は楽しい、などと二分しません。信者であるかないかにかかわらず多くの方が実りを楽しむ一方で、労力を使う準備をも楽しむという経験を、様々な領域でお持ちのはずです。

第3章　奉神礼の基本

蝋燭への点燈

教会に来ると、まず信者は入口近くにある蝋燭置場に献金して蝋燭を手に取り、イコンの傍にある燭台に捧げます。信者は、蝋燭に点燈して神への捧げ物とし、暖かく明るく柔らかい光でイコンを照らして祈ることで、自分もまた暖かく明るく柔らかい心で過ごすべきこと、自らの暖かさと明るさを神の前に生涯をかけて増やすべきことを想い起します。

復活大祭や、受難週間の一部の祈り、そしてパニヒダ（通夜、およびその後、永眠者のために祈る際の奉神礼）や埋葬式においては、手に蝋燭を持って祈る習慣があります。

立って祈る

正教会の奉神礼は立って祈ることを基本とします。「立つ」「復活する」という動詞はギリシャ語で同じ語彙であることから、復活を記憶して祈るためです。もちろん身体障碍者・重病人や高齢者はこの限りではありませんから、聖堂内にそうした人達が利用できるように最低限の椅子やベンチが用意されてもいますが、基本的には信徒達は立ち続けて祈ります。

なお、ロシア、ウクライナ、ベラルーシといった地域の正教会では聖堂内には最低限の椅子しか置かないことがほとんどですが、ギリシャの正教会では聖堂内に長椅子を複数置く傾向があり、地域差があります。日本正教会はロシアから伝えられた正教会ですから、長椅子はまず使われていません。

長椅子がほとんど用意されていない聖堂

フィンランド正教会の聖堂内部：正面にイコノスタシス

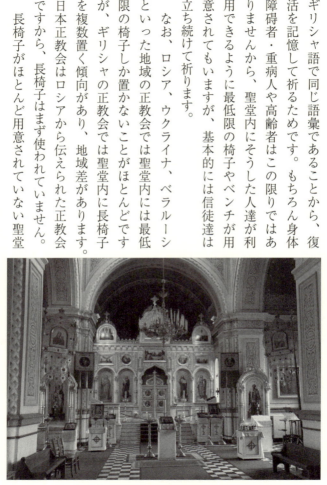

の場合、聖堂正面にある、イコノスタシスと呼ばれるイコンを嵌め込んだ壁の存在と相俟って、西方教会とは全く違う印象を見る人に与えます。

十字を画く

祈る時に頻繁に、自分に十字を画きます。右手の親指と人差し指と中指を一点に合わせて至聖三者《しせいさんしゃ》を想い起し、薬指と小指を曲げて真の神であり真の人である（神人《かみびと》）イイスス・ハリストス（イエス・キリスト）を想い起し、その状態で額、胸、右肩、左肩の順に十字を画きます。西方教会とは左右逆の順序になりますが、なぜ東西教会で左右逆になったのかはよく分っていません。

祭のイコン

正教会で祈る際にはイコン（巻末用語解説参照）は欠かせません。イコンに接吻し、イコンの前で祈り、イコンを通して、神であり人であるイイスス・ハリストス（イエス・キリスト）に祈り、聖人達に神へのとりなしを願います。聖堂にイコンが沢山掲げられたり壁画イコンが画かれたりするのはもちろん、家でもイコンが掲げられます。各種の奉神礼ではこのイコンが行列の際に持ちだされ、行列の先頭の人が持つこともあります。

特に斎《ものいみ》や祭のイコンが用意されていない時には、聖堂中央のアナロイ（正教会の聖堂に複数置かれている台で、イコンを安置したり、祈祷書を置いて読んだりするのに使われます）に、その聖堂が記憶している内容のイコンが置かれています。

一方で、斎《ものいみ》や祭のイコンが用意されている場合、当日の斎《ものいみ》・祭を表すイコン、聖人の祭であれば当日の祭で記憶される聖人のイコンが、聖堂中央のアナロイに、普段置かれているイコンと換えられるか並べるかして置かれます。

「イコンを尊敬する」意義

イコンについては「聖像《イコン》に対する尊敬はその原像に帰す」と正教会では捉えられています（787年の第七全地公会議の決議等）。これは「イコンを尊敬するというのは、キリスト教で禁じられている偶像崇拝ではないのか」という議論が古代にあった事に対する回答として確認された文言です。

イコンは家族・恋人・友人の写真に譬《たと》えて説明されます。私たちは写真を見て、写っている人を想い起こします。

写真と、家族・恋人・友人のどちらが大切かと言えば、考えるまでもなく家族・恋人・友人の方ですし、ましてや写真の方を本人と勘違いする事はありません。一方で、写真もぞんざいには扱いません。アルバムに入れたり額に入れたりして飾ります。よく写った写真は特に大事に扱います。

同じことは信者とイコンの関係にも言えます。信者はイコンを、崇拝する神人《かみびと》イイススの像（イメージ）として、あるいは尊敬する聖人や天使の像として、尊敬（敬拝・崇敬）しているのであって、「崇拝」しているわけではありません。永眠した家族の遺影を、永眠者本人と勘違いする人はいません。信者も「像」と「元になった存在」（原像）を混同しません。

奇跡を起こすイコンが特別に大事にされる極めて稀な例外がありますが、これでさえも「崇拝」ではなく、あくまで「尊敬」の範疇に留まります。

こう申しますと、「聖職者はそのように言うけれども、崇拝も尊敬も同じではありませんか。」と言われる事がありますが、一般企業で「社長を崇拝しています」という社員の言葉と「社長を尊敬しています」という社員の言葉が、「同じことだ」と認識されることはないでしょう。「宗教の場における概念なら一緒くたにして良い」と考える事に根拠も妥当性もありません。

もう一つ、「偶像《ぐうぞう》」をどう理解するかという問題との関係があります。「偶像」は、正教会においては「存在しないものの像」「神ではない被造物なのに崇拝される者」を指します（巻末用語解説参照）。正教におけるイコンは存在するものの像であり、かつ崇拝の対象ではありませんから、正教会においては偶像崇拝に当たらない、と位置付けられます。

最後に、神人《かみびと》イイスス・ハリストスを、ハリストスは神でもあるのに、その方を画くことが可能なのかどうか、という議論があったことに触れます。この議論において正教会は、ハリストスは藉身《せきしん》（巻末用語解説）された人でもあるのだから、その方をイコンに画くことは、むしろハリストスが藉身《せきしん》されたことの信仰表明であるとしています。イコンについて他にも様々な意義や、緻密な神学的考察がありますが、本書ではこの辺りに留めます。あとは教会での祭において実際にイコンがどのように使われているかを御覧頂くのが理解の近道です。

無伴奏聖歌

正教会の聖歌は無伴奏声楽です。ですから聖堂内に楽器はありません（地域と時代により極めて僅かな例外はありますが、あくまで稀な例外です）。

詠隊《えいたい》（聖歌隊）のみが聖歌を歌うこともあれば、その場の聖職者以外の全員で歌うこともあります（この場合は全員が「詠隊」となります）。その中間として、一部を全員で歌い、残りは詠隊が歌うといった方法が採られることもあります。

序章で申しました通り、どの正教会も同じ教え・信仰内容のもとに生活していますが、文化的な次元では、それぞれの正教会の特色があります。祭服や聖堂などもそれぞれ少し違いますが、実は最も大きく印象の違いが感じられるのが聖歌です。

現代ギリシャでも使われるビザンチン聖歌は単旋律を基本とし、これに持続低音を伴うことが多い聖歌となっています。

現代のロシア聖歌は、西欧の影響を受けて後、和声による多声聖歌が主流となっています。古くに歌われていたズナメニ聖歌の復元も試みられていますが、口伝がほとんど途絶えている上に正確な記譜法も失われて久しく、現在もまだ研究途上にあります。

セルビア・ブルガリア・ルーマニアの聖歌は、西欧の影響を受けた後に作られた多声聖歌と、単旋律を基本とする伝統的な聖歌が混在していますが、近年は後者が復興される傾向にあります。

グルジア（サカルトヴェロ）聖歌は、西欧の影響を受けるはるか以前から独自の多声聖歌を形成して、こんにちに至っています。正教会聖歌を全世界的な視野でみた場合、「単旋律から西欧型多声聖歌へ」という一直線的な歴史を経ていないことを示す典型例がサカルトヴェロの聖歌であるとも言えます。

音階・音律・和声といった音楽的な側面においては（無伴奏声楽であるという一点を除き）、何かしらの要素を「これこそが全世界の正教会に共通する、正教会聖歌の特色である」と言う事は不可能です。

西欧文化の影響を受けた後、一部の地域における正教会でも作曲家が聖歌を作曲するようになりました（それまではごく一部の例外を除いて、作曲した者の名が残ることはほとんどありませんでした）。特にスラヴ系の正教会、そしてルーマニア正教会などには、クラシック音楽の作曲家が作曲した聖歌が沢山残されています。ラフマニノフの作曲した「徹夜祷」が有名ですが、他にも全世界の多くの正教徒作曲家が正教会の聖歌を作曲しました。他の著名な作曲家としては、ロシアではＤ・ボルトニャンスキー、チャイコフスキー、リムスキー＝コルサコフ、Ａ・グレチャニノフなど。ほかに、むしろ聖歌が主要な作品となっている著名な作曲家として、Ａ・アルハンゲルスキー、Ａ・カスタルスキー、Ｐ・チェスノコフなど。ルーマニアではＧ・ククなど。サカルトヴェロ（グルジア）ではＺ・パリアシュヴィリなどが挙げられます。

宗教が弾圧されていたソ連およびその衛星諸国では聖歌の作曲・演奏・録音もほぼ全く行われていませんでしたが、それらは共産主義諸政権の崩壊後に復活しています。今でも聖歌の作曲は、東欧のみならず、世界中の正教会で行われています。世俗の作曲家のほか、聖職者や修道士が聖歌の作曲をするケースもあります。歴史的に聖歌はほとんど男性によって作曲されて来ましたが、現代では女性の作曲家も活躍しており、例えばベラルーシのミンスクにある聖エリザヴェータ修道院の修道女であるイウリアニヤ（デニソヴァ）が挙げられます。

近現代の作曲された聖歌について、「優れた聖歌は使う」立場と、西方教会の文化的影響下の産物に否定的な伝統復興を志向する立場、古い初期の和声を使って作曲を試みるといった折衷的な立場、またその間にある様々な濃淡を伴う意見などがあり、評価は正教会内でも分かれています。

なお、修道院や町の教会で日常的に歌われる聖歌は素朴かつ伝統的なものが多く、世俗の演奏会で人気を集める聖歌とはほとんど一致しません。西方教会でバッハやモーツァルトが日常的に歌われているわけでは全くないのと似ています。元々「八調」と呼ばれる伝統的に決められた旋律パターンで歌われる部分が多く、作曲家による曲で置き換える部分がそう多くありません。また、奉神礼に使われる聖歌は、奉神礼における動き・祈祷文に合わせやすいものが選ばれますが、演奏会ではそれらの「使いやすさ」はほぼ度外視されるという選好要因の差異のほか、難しい曲は多くの場合アマチュアが担っている教会の聖歌隊からは選ばれ難いという小さくない要因があります。なお、番号が付けられた「賛美歌」のようなものは正教会聖歌にはなく、全て祈祷文に則ったものが歌われます（ウクライナなどで、祈祷文に則っていない「カリャートカ」と呼ばれる降誕祭の宗教歌がありますが、これも番号が付けられてはおらず、また聖堂内で歌う聖歌でもありません）。

聖歌の伝統をどのように継承し、発展・成長していくかについては、今ある各地ごとの伝統を尊重しつつ、各地それぞれに回答が模索し続けられています。

香　炉

正教会の奉神礼（礼拝）では香炉も使い、乳香を焚きます（62－63頁・67頁のイラストを参照）。香炉を使わない奉神礼の方が珍しいほどで、ほとんどの奉神礼に香炉が登場します。また、自宅・自室での祈りにおいても（環境が整えば）卓上香炉を使います。

聖堂ではほとんどの場合、鎖に吊り下げられた「振り香炉」という香炉を主教・司祭・輔祭のいずれかが手に持って使います。鎖に鈴が付いているのは、混雑する聖堂内で信者達が「今、炉儀《ろぎ》がされている（香炉が振られて祈っている）」ことを識別できるようにするためです。

炉儀《ろぎ》は、神に対する敬意を表すとともに、祈りが香炉の香のように神の前に昇るようにとの願いが込められています。

さらに、聖人が画かれたイコンへの炉儀《ろぎ》は聖人への敬意を表します。また全ての参祷者に対して炉儀が行われることは、神の像《ぞう》（希：εἰκών, 露：образ, 英：image）と肖（希：ὁμοίωσις, 露：подобие, 英：likeness）として創られた全ての人が、神の像を保持しているゆえに、敬意に値することを示しています。炉儀を受けて敬意を表された聖職者・一般信徒の側は、謙遜の意を込め、答礼のお辞儀で応えます。

ドストエフスキーの「カラマーゾフの兄弟」の第六編「二」に、ゾシマ長老の回想シーンの一部として、自分と同じように神の像と肖として創られた他の人がなぜ自分に仕えたのかと問う台詞が出て来ますが、この「神の像と肖」は、香炉の使われ方にも表れている、正教会で基本的な考え方の一つです。

五官全てを使う

こうして、聖体礼儀で尊体尊血《そんたいそんけつ》となったパンと葡萄酒を領聖《りょうせい》（尊体尊血《そんたいそんけつ》を飲み食べること）する等の味覚と合わせて、正教会の奉神礼は五官を全て使って参加するようになっています。人間観を「精神」「肉体」のいずれかに偏らせる見方はそこにはありません。また、いずれかの感覚に障碍をお持ちの方も、いずれかの感覚で奉神礼に参加可能なつくりになっています。

第４章　時課・聖体礼儀

斎と祭に際しては様々な奉神礼（礼拝）が行われますが、基本形となるのは、聖体礼儀と、聖体礼儀に備える晩祷を含む時課（正教会で行われる、昼夜の奉神礼〔礼拝〕の総称）です。ここでは基本的な形のみを扱いますが、復活大祭（パスハ）、五旬祭、神現祭、降誕祭といった祭では例外的な構成が取られます。

スラヴ系の正教会の奉神礼伝統とギリシャ系の正教会の奉神礼伝統では特に時課の構成に若干の違いがありますが、スラヴ系の伝統もギリシャ系の伝統も、どちらが先行する他方を改変した、というものではありません。長い年月の間に東地中海地域で様々な伝統が成長する過程で絡み合い、大きく分けて二つの系統が残ったものであり、それぞれが別地域で使い続けられて現在に至っています。ただし違いを強調し過ぎるのも適切ではありません。いずれも正教会の奉神礼の枠組みの中で説明可能です。日本正教会は母教会がロシア正教会であり、スラヴ系の奉神礼伝統に則っています。

本書では基本的にスラヴ系の正教会の奉神礼伝統に則って紹介します。

時課・晩祷（徹夜祷）

祭の前晩に晩祷が行われます。

教会暦は日没を区切りとしていますので、正確に言えば、「前晩」というよりも、既に「当日の始まり」に晩祷が行われることになります。これは正教会に限りません。西方教会でも「クリスマス・イブ」が「前晩」に始まりますのも、教会暦の区切りが日没だからです。従って12月24日／1月6日の朝・昼はクリスマス・イブとは言わない、ということになります。なお正教会では「降誕祭前日の晩」等と呼び、「クリスマス・イブ」とは（全く言わない訳でもなく、外部向けのお知らせなどでは書く事もありますが）あまり言いません。

スラヴ系の正教会では、大祭の晩祷として徹夜祷《てつやとう》が行われます。徹夜祷以外の晩祷の種別もありますが、大きな祭ではほとんどの場合に徹夜祷が行われます。

徹夜祷はほとんどの場合、文字通り徹夜するわけではなく、名称はかつて徹夜で祈祷が行われていたことの名残です（ただし多くの教会で復活大祭だけは実際に徹夜で行います）。省略なしで行いますと本当に徹夜することになるため、大規模な修道院等を除き、まず省略して行われます。もっとも、省略をしても一時間半から三時間半ほどの時間をかけ

群像社　読者カード

●本書の書名（ロシア文化通信「群」の場合は号数）

●本書を何で（どこで）お知りになりましたか。

1 書店　2 新聞の読書欄　3 雑誌の読書欄　4 インターネット
5 人にすすめられて　6 小社の広告・ホームページ　7 その他

●この本（号）についてのご感想、今後のご希望（小社への連絡事項）

小社の通信、ホームページ等でご紹介させていただく場合がありますのでいずれかに○をつけてください。（掲載時には匿名に する・しない）

お名前《ふりがな》

ご住所
（郵便番号）

電話番号
（Eメール）

購入申込書

書　名	部数

郵便はがき

232-0063

切手を貼って下さい。

横浜市南区中里1—9—31—3B

群像社

読者係 行

＊お買い上げいただき誠にありがとうございます。今後の出版の参考にさせていただきますので、裏面の愛読者カードにご記入のうえ小社宛お送り下さい。お送りいただいた方にはロシア文化通信「群」の見本紙をお送りします。またご希望の本を購入申込書にご記入していただければ小社より直接お送りいたします。代金と送料（一冊240円から最大660円）は商品到着後に同封の振替用紙で郵便局からお振り込み下さい。

ホームページでも刊行案内を掲載しています。http://gunzosha.com

購入の申込みも簡単にできますのでご利用ください。

て行われますもので、決して「短い」とは言えません。

スラヴ系奉神礼における徹夜祷は、晩課、早課、一時課から構成されます。これらの「課」の名で表されるのは広義の時課に含まれる奉神礼で、広義の時課には、晩課、晩堂課、夜半課、早課、一時課、三時課、六時課、九時課、以上の八つがあります。このうち一時課〜九時課という数字がついているものは狭義の時課です。単に「時課」と言った場合、広義の時課と狭義の時課のどちらを指しているかは、文脈で判断するしかありません。

時課の祈祷文は、祭や斎《ものいみ》に応じて変わる部分と、変わらない部分から構成されます。サンドイッチに喩えれば、前者が具で、後者がパンのようなものとなっています。（広義の、すべての）時課は聖体礼儀に向けて心身を備えるものとして位置付けられます。人員や物品の面で聖体礼儀を実施することが困難な場合は時課だけを行う時もないではありませんが、基本形は「聖体礼儀の前、備えとしての時課」です。

リティヤ

大祭《たいさい》の場合、リティヤと呼ばれる奉神礼《ほうしんれい》（礼拝）が徹夜祷に挿入され、この時パンと麦と葡萄酒と油（オリーブ油）が成聖《せいせい》（巻末用語解説参照）されます。パンと葡萄酒は徹夜祷の半ばで信者達が食し、油は専用の筆で信者達の額に塗られ、麦は信者達が持ち帰ります。

リティヤで成聖されるパンと葡萄酒はハリストス（キリスト）の尊体尊血《そんたいそんけつ》となったものではありませんので、洗礼の準備期間にある未信者、場合によっては一般参祷者にも（大事に食べて頂くことを前提として）分け与えられることがあります（非信者にも必ず分けられるわけではなく、あくまで場合によります）。

こうした食品の成聖を通して、食べた人・油を塗られた人の生活全体が聖なるものとなるようにリティヤでは祈られます。

なお、晩課で行われるこの種類のリティヤとは別に、永眠者のために祈る奉神礼である「パニヒダ」という祈りの一部を構成するリティヤがありますが、意義も内容も全く異なります。

聖体礼儀

意　義

聖体礼儀《せいたいれいぎ》（聖体機密）は正教会にとり、単に「機密の一つ」「最大の祈祷」という表現だけでは言い尽くせないほど重要なものです。

聖体礼儀は、パンと葡萄酒がイイスス・ハリストス（イエス・キリスト）の尊体尊血《そんたいそんけつ》となり、それを領聖《りょうせい》（領食《りょうしょく》とも・尊体尊血《そんたいそんけつ》を食べ、飲むこと）する奉神礼です。「聖体礼儀」は儀礼の名であり、この儀礼で行われる機密《きみつ》（他教会では秘跡《ひせき》、聖奠《せいてん》、礼典、サクラメント等と表記・巻末用語解説参照）のことを「聖体機密《せいたいきみつ》」と呼びます（厳密には、聖体機密は聖体礼儀だけに場面は限られません。例えば長期入院中の信者に、保存されている御聖体を司祭が持って行き、信者がこれを領聖する、といった場面も少なくありません。しかしここでは聖体礼儀についてのみ扱います）。

聖体礼儀はそれそのものが祭であると言っても言い過ぎではありません。

聖体礼儀はハリストスを中心とする祝宴であります。祝宴を共にした者が親しき仲となることを言う「同じ釜の飯を食べる」とする表現を使って、領聖による信者間の交わりによる教会ができあがることを説明することがあります。

第７章で後述します大斎《おおものいいみ》の期間中には、祭としての性格がある、聖変化《せいへんか》（パンと葡萄酒が尊体尊血《そんたいそんけつ》となること、ただしローマ・カトリック教会とは捉え方には違いがあります）を伴う聖体礼儀（聖金口《せいきんこう》イオアン聖体礼儀と聖大《せいだい》ワシリイ聖体礼儀）を行わず、先備聖体礼儀《せんびせいたいれいぎ》という、前の主日《しゅじつ》（日曜日）に聖変化した尊体尊血《そんたいそんけつ》を領聖する聖体礼儀のみが行われることにも、（聖変化を伴う）聖体礼儀そのものが祭としての性格を持つことが表れています。正教会において聖体機密は、罪の赦し、永遠の生命、ハリストスとの交わりといった恩寵を頂けるように（イオアン福音〔ヨハネによる福音書〕6章26節、69節）、主《しゅ》イイスス・ハリストス御自身が制定された機密である（コリンフ前書〔コリントの信徒への手紙一〕11：23－26）と位置づけられます。

テッサロニキの聖ニコラオス・カヴァシラス（1319年頃－1391年頃）は、聖体礼儀（聖体機密）において最も重要な聖務は献物がハリストスの体血になることであり、その目的は「信者の成聖《せいせい》。信者が機密にあずかって罪の赦しを得ること。天国を相続すること。それと同じ善を相続すること」であり、聖体礼儀全体は「『救主』の生命である唯一の『体』の再現である」と述べています（イオアン長屋房夫神父様による翻訳から一部引用）。

場所

例外を除き、聖体礼儀は聖堂もしくは会堂（聖堂と会堂の違いは割愛します）で行われます。幾つかの条件を満たすことで、主教の祝福のもと、聖堂・会堂以外の場で聖体礼儀を行うことができますが、あくまで例外です。ただし、日本正教会でも各地で年に複数回行われており、「極めて稀」とまでは言えない「例外」です。

パン

正教会では聖体礼儀に発酵パンと葡萄酒を使います。

伝統的に決められている形（二段重ねの鏡餅のような形で、上段には決められた文字・模様が浮き出るように作られます）に自前で焼き上げたパンを使います。一般信者が当番を決めて自宅等で焼いて教会に持って来たり、聖職者が自宅等で焼いて準備しておいたりするほか、大規模な教会や修道院では聖パンを作るための施設ないし部屋が敷地内に用意されていることもあります。

聖職者だけでなく一般信者も、「尊体尊血《そんたいそんけつ》」となったパンと葡萄酒の両方を頂きます。

心身の備えと構成

聖体礼儀において領聖《りょうせい》する信者は、深夜零時から断食をして祈り、心身の備えをします（コリンフ前書11：27－34に基きます）。

聖体礼儀は「奉献礼儀《ほうけんれいぎ》」「御言葉《みことば》の礼儀（啓蒙者《けいもうしゃ》の礼儀）」「聖体機密《せいたいきみつ》の礼儀（信者の礼儀）」に区分されます。

奉献礼儀では聖職者が物品（祭品《さいひん》）を祈りとともに準備します。御言葉の礼儀では正教信者に対してのみならず、正教の信者になろうとする啓蒙者・未信者も対象として教えが説かれるほか、信者が心身を整えます。聖体機密の礼儀には「聖体機密のカノン」と呼ばれる、聖変化にかかわる祈りが含まれ、領聖が行われます。

全世界の正教会で行われる聖体礼儀には聖金口《せいきんこう》イオアン聖体礼儀と聖大《せいだい》ワシリイ聖体礼儀があります（一部地域の極めて一部の教会で年に一度だけに行われるものは他にもありますが割愛します）。祝文《しゅくぶん》（祈祷文）等に少し違いがあり、聖大ワシリイ聖体礼儀の方が若干長めですが、基本的な構造は同じです。

聖体礼儀の祈祷文も、祭や斎《ものいみ》に応じて変わる部分と、変わらない部分から構成され、サンドイッチの具とパンに喩えることができるような構成をとっていることは、時課と同じです。

いつ行うか

聖体礼儀をいつ行うかは、人員・物品・環境がどの程度整っているかによって変わります。まず「いつ行わないか」について先に述べますと、大斎《おおものいみ》の期間中、幾つかの例外を除き、土日以外の平日には、聖変化のある聖体礼儀は行いません（代わりに聖変化を伴わない、前の主日に聖変化した尊体尊血を領聖する先備聖体礼儀《せんびせいたいれいぎ》を行います）。

逆に、これ以外の日にはいつでも、一人の主教もしくは司祭が一日一回、一つの宝座《ほうざ》（聖堂の至聖所《しせいじょ》にある祭壇）で、行えます。宝座《ほうざ》が複数備えられている場合、主教もしくは司祭の人数と宝座《ほうざ》の数ぶんだけ、聖体礼儀を一日で複数回行うことができます。このため大規模な教会や修道院では聖堂内に宝座《ほうざ》を複数用意していることもあります。

人員と物品の両方が豊富な大規模な修道院や大聖堂教会では、「聖体礼儀を行って良い日」として定められている日であれば、毎日聖体礼儀を行っているところもあります。

聖体礼儀は先に述べましたように様々な豊かな意義を持つ祝宴ですから、毎日でも行いたいところです。しかし正教会の聖体礼儀は、パンを特別に焼き、前夜から祈り、断食し、聖体礼儀には約一時間半から三時間ほどの時間を掛けますから、必要な労力と時間は並大抵ではありません。

従いまして、街の教会では、週に一回主日《しゅじつ》（日曜日）の午前中、そして十二大祭（後述）と幾つかの祭で聖体礼儀を行い、さらに大斎《おおものいみ》の土曜日・受難週の聖体礼儀と何回かの先備聖体礼儀の実施にとどまることが多く、大聖堂教会であっても相当大規模でなければ、同様の頻度となることが普通です。

また、聖体礼儀を執行できるのは主教もしくは司祭であり、正教会で主教もしくは司祭の居ない聖体礼儀は有り得ません。主教や司祭が常駐していない小さな教会や修道院では、一ヶ月に二、三回といったように、聖体礼儀の回数が限られる場合も少なくありません。

どこかの教会を訪れて聖体礼儀などの奉神礼に参祷する（もしくは見学する）ことを希望する場合、事前に奉神礼のスケジュールを調べ、問い合わせた方が良いでしょう。

聖体礼儀代式

ほかに「聖体礼儀代式《せいたいれいぎだいしき》」（ティピカ）と呼ばれる奉神礼がありますが、これは聖体礼儀を行うことが物理面・人員面で困難な場合に、これに代えることができるもで、主教や司祭が不在でも執り行える形式もあります。日本正教会で２０１４年現在行われている「代式」の多くは拡張された語義になっており、司祭が不在の場合に信徒達によって捧げられる奉神礼を総称する用語となっています。

第５章　その他の奉神礼

十字行

神現祭、受難週間聖大土曜日、復活大祭（パスハ）、あるいは不朽体（聖人の遺体の先負または一部）やイコンを運ぶ際などに、十字行と呼ばれる行列が行われます。街中を行列することが望ましいのですが、止むを得ず歩く範囲を聖堂周辺に留める場合もあります。

十字行は教会が天国（神の国）に向かって行進していることを屋外で表しています（聖堂内で同様の意義を表す奉神礼として、時課や聖体礼儀における「聖入《せいにゅう》」があります）。

基本的に、先頭を燭台（もしくはランプ）が先導し、イコンが嵌め込まれた凱旋旗（旗という名称ですが布ではなく金属で作られていることも）が続き、その後ろにイコンが運ばれ、そして詠隊（聖歌隊）、聖職者、一般信者の順に続いて行列が構成されます。十字行の最中には、祭ごとに指定された聖歌が歌われます。

モレーベン

モレーベンは、日本を含むスラヴ系の奉神礼伝統にある正教会において、祈願や感謝を行う、様々な種類の小さな奉神礼の総称です。およそ20分間から30分間かけて行われます。

全ての祭日で必ず行われるというものではありませんが、例えば聖人のお祭りで、聖人に対して神へのとりなしを願うモレーベンを行う場合があります。また、復活大祭の深夜から未明に行われる徹夜祷に仕事の都合や健康上の都合等で出席できなかった信者の需要に応じ、当日の昼間に「復活大祭のモレーベン」を行うケースもあります。

ただ、モレーベンは「祭日に合せて行う」というよりも、個々人の求めに応じて行われることがむしろ多いものです。モレーベンには、感謝祈祷、聖人に依頼する祈祷、病者平癒の祈祷、各種の成聖、旅行安全の祈祷、就学時の祈祷などがありますが、これらは（タイトルから分かる通り）いずれも必要に応じて行うことがほとんどです。

アカフィスト

スラヴ系正教会ではアカフィストと呼ばれる祈りが祭に行われることもあります。イイスス・ハリストス、聖神《せいしん》に祈るもの、生神女《しょうしんじょ》マリヤをはじめとする聖人にとりなしを願うもの、イコンについて祈るものなど膨大な種類があり、小讃詞（コンダク）と同讃詞（イコス）を交互に繰り返して構成されています。

第6章　大祭と小祭

大　祭

正教会では全ての祭が等しい規模で祝われるわけではありません。大祭とそうではない祭とがあります。

復活大祭（パスハ）は祭の祭とも呼ばれ、全く別格扱いされる最大の祭です。

ほかに十二大祭と呼ばれる大祭があります。十二大祭も全てが等しく祝われるわけではなく、十二大祭の中では五旬祭、神現祭、降誕祭が他と比べて大きく祝われる祭です。この三つの祭は3日間（教会暦上は1日目の日没から3日目の日没までを数えて48時間、つまり2日間と数えられます）にわたって祝われるという特徴があります（ただし小規模な教会では他の祭と同様に2日間、教会暦上は1日の祝いにとどまる事も多々あります）。

また、主日《しゅじつ》（日曜日）も大祭として扱われます。日曜日はギリシャ語では「主日《しゅじつ》」といい、ロシア語では「復活日」といいます。その名の通り、主《しゅ》イイスス・ハリストスの復活が示された日として正教会では祝われます。なぜ信者が日曜日に教会に集まるのかといえば、週に一回ある大祭を祝うためです。

つまり正教会においては、年間の大祭としては復活大祭と十二大祭、週の大祭としては主日（復活日・日曜日）があるということになります。

ただ、復活大祭と十二大祭、そして主日は全世界の正教会で満遍なく祝われる祭ですが、それ以外の祭ではどれを大祭として祝うかは、地域・教会によってまちまちです。

例えば生神女庇護祭《しょうじんじょひごさい》は、ロシアやウクライナ等では大祭として祝われることが多い祭ですが、ギリシャではそうでもありません。

また、ある地域への伝道における功績が記憶されて「亜使徒」と呼ばれる聖人は、その地域では大規模に祝われ記憶される一方で、全世界ではそこまで祝われない場合もあります。このような地域性を持つ亜使徒の例としては、サカルトヴェロ（グルジア）の亜使徒聖ニノ（ニーナ）という女性の聖人や、日本の亜使徒大主教聖ニコライなどがいます。

もっとも、これはあくまで「大祭として祝われるかどうか」という次元でのお話であり、サカルトヴェロの亜使徒聖ニノも、日本の亜使徒聖ニコライも、全世界の正教会で十分名前は知られている著名な聖人です。日本の亜使徒聖ニコライを記憶する聖堂は、1970年の列聖以来それほど時は経っていないにもかかわらず、日本ではニコライ堂の傍らと、前橋市にある（前橋ハリストス正教会の聖堂は亜使徒聖ニコライ聖堂です）だけでなく、既にアメリカ、ロシア、南アフリカ等に存在していて、その知名度が窺えます。

残念ながら司祭が不足している地域の場合、大祭であっても聖体礼儀を行って祝えないケースも珍しくありません。しかしそうした場合でも信者は、教会で発行されているカレンダーでどのような祭があるかを把握し、自宅・自室で行う私祈祷で祭の祈祷文を唱えたり、祭で詠まれる聖書を読んだり、記憶される祭の内容について説明された教会の出版物を読んだり、その祭のイコンを持っている場合は、イコンを普段から置いてある家庭祭壇にその祭のイコンを中心にして置いたりするなどして、祭を暦の中で記憶するよう努めます。

インターネットの発達した現代では、祭日になるとSNSなどでユーザー達が「〇〇祭おめでとうございます」「今日は〇〇祭ですね」などと祝い合っているのを、世界中の言語で目にする事ができます。

なお、祭の規模に応じて斎《ものいみ》の長さが決まるとは限りません。聖使徒ペトル・パワェル祭は十二大祭には数えられていませんが、衆聖人の主日からの一定期間の斎《ものいみ》が設定されています。

聖堂名と堂祭

正教会の聖堂は、ハリストス、聖神《せいしん》（聖霊）、生神女、聖人、祭、イコンなどを記憶して建てられます。例えばロシア語でウスペンスキー・サボールと呼ばれる生神女就寝大聖堂があれば、その聖堂はその名の通り生神女就寝《しょうしんじょしゅうしん》（生神女マリヤの永眠）を記憶しています。日本の亜使徒聖ニコライ聖堂があれば、その聖堂は亜使徒聖ニコライを記憶しています。

これらの記憶内容に対応する祭は堂祭《どうさい》と呼ばれ、その聖堂では（人員と物品の事情の許す限り）大祭と同様の奉神礼《ほうしんれい》が行われます。

正教会が多数を占める地域・国では、街や村の教会の堂祭の日には、街・村を挙げて祝うお祭りとなり、地域によっては宴会が開かれたり屋台が出たりもします。

第７章　大斎《おおものいみ》と受難週間

大斎の概略

復活大祭（パスハ）の前には大斎《おおものいみ》と、そのさらに前に大斎準備の期間が設けられています。大斎は約40日間にわたりますが、この日数は、主イイスス・ハリストスが荒野で、預言者モイセイ（モーセ）がシナイ山で（出エジプト34章28節）、預言者イリヤ（エリヤ）がホレブ山で（列王記上19章8－12節）、40日間 斎《ものいみ》をしたことに由来があります。

正教会の 大斎《おおものいみ》は、ローマ・カトリック教会における四旬節《しじゅんせつ》、聖公会における大斎《たいさい》節《せつ》に相当します。ローマ・カトリック教会における「大斎」は「小斎」と区別される斎の程度を指す概念であり、正教会の大斎とは対応しません。

大斎の始まりと終わり

大斎準備期間の主日に、税吏《ぜいり》とファリセイの主日、蕩子《とうじ》の主日、断肉《だんにく》の主日（この日から肉を断ちます）、赦罪《しゃざい》の主日（別名：断酪《だんらく》の主日、この日の日没から大斎が始まり乳製品・卵を断ちます）があり、大斎《おおものいみ》期間中の主日に正教勝利《せいきょうしょうり》の主日（各種の異端が否定され、正教が守られたことを記憶します）、聖グリゴリイ・パラマの主日、十字架叩拝《こうはい》の主日、階梯者《かいていしゃ》聖イオアンの主日、エギペト（エジプト）の聖マリヤの主日と続いていきます。

断肉の主日から赦罪の主日（断酪の主日）にかけての期間は、大斎前に乳製品・卵を食べることができる最後の期間となっています。ロシア、ウクライナ、ベラルーシ等ではマースレニッツァと呼ばれる、乳製品・卵を使った食品を沢山食べる期間があります。

大斎の始まる赦罪《しゃざい》の主日には、信者達は互いに敬拝し合い、互いの罪を赦し合い、大斎を共に乗り切るよう励まし合います。

なお、ある日突然大斎になり、ある日突然大斎ではなくなる、というような、前後が切り離された理解はされません。これは「救いは段階を経て成就していく」という正教会における生活が、暦と奉神礼に反映されたものです。

大斎の手前の水曜日・金曜日でシリアの聖エフレムの祝文が詠まれ始め、徐々に「大斎カラー」が出て来ます。受難週間の間に、それまで平日には詠まれていなかった福音経が詠まれるようになるなど、徐々に「大斎カラー」が薄まっていきます。

大斎の奉神礼

大斎には「シリアの聖エフレムの祝文」（巻末用語解説参照）と呼ばれる祈祷文が唱えられ、大斎を過ごすにあたって大事な要素となっています。

大斎の土日を除いた平日には聖変化を伴う聖体礼儀は行わず、先備聖体礼儀《せんびせいたいれいぎ》という、前の主日から保管しておいた尊体尊血《そんたいそんけつ》を領聖《りょうせい》（領食《りょうしょく》）する奉神礼を行います。普段は大斎の先備聖体礼儀《せんびせいたいれいぎ》は、（物品・人員の許す限り）水曜日、金曜日、受難週間の聖大月曜日、聖大火曜日、聖大水曜日に行います。

どうしても大斎の平日に聖人を記憶して特別に祈りたい場合（その教会の聖堂が記憶する聖人、あるいは地域において重要な聖人の記憶日が大斎に重なり、聖変化を伴う聖体礼儀を行う堂祭ができない場合等）、先備聖体礼儀《せんびせいたいれいぎ》は行えます。

受難週間

エギペトの聖マリヤの主日の翌主日は聖枝祭《せいしさい》となります。聖枝祭《せいしさい》から一週間はハリストスの受難を想い起こす受難週間です（普段の一週間でも同様に記憶しますが、特に受難週間では詳細に記憶していきます）。ここからは聖大月曜日、聖大火曜日、聖大水曜日、聖大木曜日、聖大金曜日、聖大土曜日（聖大スボタ）と続き、復活大祭となります。これらの受難週間の各曜日では、聖書に書かれている出来事を、その書かれている曜日の通りに記憶していきます。

聖大木曜日・聖大金曜日

受難週間の聖大木曜日には、機密制定の晩餐を記憶する聖体礼儀が行われます。正教会では機密制定の晩餐を「最後の晩餐」とは呼びません。ハリストスが復活した後、弟子達と共に晩餐は何度も行われたため、ハリストスと弟子達による晩餐は「最後」のものではなかったと信じられているからです。加えて、今の教会においても、「晩餐」である聖体礼儀は行われていることも理由に挙げられます。

聖大金曜日の早課（木曜日夜に行われます）では、ハリストスの受難の場面が書かれた全ての福音書の箇所を、十二回に分けて読む「十二福音《じゅうにふくいん》」が奉読されます。

聖大金曜日の晩課（金曜昼から夕方にかけて行われます）では、ハリストスの「眠りのイコン」と呼ばれる、ハリストスが墓で横たわった状態が布に画かれた（あるいは刺繍された）イコンが、聖堂の一番奥にある聖域である至聖所《しせいじょ》から運び出され、聖堂の中央部分を構成する聖所《せいじょ》の真中より少し至聖所に寄った場所に、棺を象《かたど》った木枠の上に安置されます。

聖大土曜日

聖大土曜日での記憶内容は多岐にわたりますが、ハリストスの死と地獄降り、すなわ

聖大土曜日の十字行（輔祭は香炉を振っている）

ち、ハリストスが地獄に降り、地獄・死・悪魔の力に勝ち、地獄を滅ぼし、人々を地獄から解放したことが重要な記憶内容として挙げられます（カバー裏、「復活」のイコン参照）。

またこの日の早課（時課の一つ）では十字行が行われます。ハリストスの「眠りのイコン」が、棺を模した木枠ごと担がれ、聖堂の外に運び出される十字行が行われます。さながら葬列のような様相を呈し、実際、これはハリストスの葬列です。聖大土曜日の十字行を含む早課には、信者達は喪服、あるいは黒か紺のスーツなどを着用して参加するようにしていることもあります。十字行の時に歌う

聖歌は、信者の埋葬式の出棺の時に歌われる聖歌と同じものです。

ただしこれは単なる悲しみの行列ではありません。ご自分の十字架における死と復活によってハリストスが人類を救うのですから、主の復活だけでなく主の死もまた人間にとり救いとなった、そのように信者は厳粛に記憶しかつ感謝します。

信者の埋葬式と、イイスス・ハリストスの葬列で同じ聖歌が使われていることには、神人《かみびと》イイスス・ハリストスの死と復活が、人の死と復活の「初穂《はつほ》」であることが形で表されています。信者は死に別れた親戚・知人の葬式と死を、聖大土曜日の奉神礼とハリストスの死と結びつけて思い出し、明日の深夜には復活大祭がすぐに続くことから、死に別れた親戚・知人の復活を思い、深い希望とします。

第8章　復活大祭と復活祭期

神人イイススの復活・人々の復活

復活大祭（パスハ）は正教会で最も大きなお祭りです。異教の神の名に由来すると言われる「イースター」という呼び名は、あまり使われません。旧約聖書における過ぎ越しの祭を表すヘブライ語に由来する「パスハ」の方が、「新たなる過ぎ越し」と位置付けられる復活大祭を呼ぶのに好まれます。正教会のみならず、西方教会が優勢な地域においても、「イースター」系の語彙ではなく「パスハ」（パスカ）系の語彙が一般的に使われる言語があります（イタリア語、フランス語、スペイン語等）。

復活大祭の日付は「春分の日の後の満月の後の最初の主日」とされ毎年変わります。

正教会では旧暦（ユリウス暦）の春分の日に従って計算しているため、しばしば西方教会と復活祭の日付が一致しません。主日に祝われる理由は「主日（日曜日）」の節で後述します。

復活大祭は、真の神であり真の人である（神人《かみびと》）イイスス・ハリストスが（肉体も伴って）復活したことを記憶して祝うと同時に、その復活が人の復活の「初穂《はつほ》」となったことから、自分達の来世（いつ来るかは事前には絶対に分からないこの世の終わりが来た後、永遠に続く次の世のこと。輪廻転生といった概念は正教会のみならず全キリスト教にありません）における、肉体も伴う復活も祝うものであり、さらにその復活の生命をこの世においても先取りすることができる聖体礼儀の意義を想い起す機会でもあります。従って復活大祭は、「ハリストスが復活された」という喜びのみならず、自分達の喜びとしても祝われます。

死に別れと復活の再会

来世がどのようなものか、良い状態での復活後の身体がどのようなものなのかは、正教においても今は理解を超えているとされ、輝かしく、病もなく、神の似姿に至った状態などといったこと以外、具体的には多く語られていません。しかし復活の際に死に別れた人とも再会できるとされていることから、家族や友人と死に別れた人にとって、復活大祭は深く慰められ力づけられる祭でもあります。

死に別れの悲しみ自体を正教会も否定しません。しかし神人イイスス・ハリストスの復活により、死に別れとその悲しみが一時的なものに変えられたことも正教会は教えています。死に別れの悲しみの中にある信者にこそ、慰めと力づけになるのが正教会の祭であり、復活大祭はその最たるものです。死に別れの悲しみの中にある人を慰めて祈りつつ祝える祝いは、この世に多くありません。

奉神礼と祈りの挨拶

復活大祭での奉神礼は、主日（日曜）の早朝に、復活したイイスス・ハリストスが弟子達に御自分を示されたと聖書にあることから、基本的に深夜から早朝にかけて行われます。夜半課、早課、一時課、聖体礼儀の順に連続しますが、聖体礼儀の手前の時課の構成は、普段の時課とは大きく異なり、詠みとなる部分はほとんどなく、ほぼ全てが歌われます。省略の度合い、聖堂の広さ、参祷する人数にもよりますが、大体三時間から

聖堂入口で「ハリストス復活！」（中央で主教は振り香炉を振っている）

四時間半ほどかかる祈りとなります。

早課の冒頭で、聖歌を歌いつつ十字行《じゅうじこう》を行います。聖堂を出て、街もしくは聖堂周辺を周ったあと、聖堂入口まで来ると、聖職者が「ハリストス復活！」と大声で信者に対して呼びかけ、「実に復活！」と一般信者が大声に応えます。復活大祭の十字行の際にも鐘は鳴らされますが、複数の鐘を備え付けている教会では、全ての鐘を使ったり、鳴らし方を華やかな組合せに変えたりします。

復活大祭の十字行は、昔、洗礼を志願する人々が一年から三年の見習い期間を過ごして復活大祭に洗礼を受けるようになっていた頃に、志願者達が洗礼聖堂で洗礼を受けてから列を作って本堂に向かって行進し、神の国に向かう一歩目としていたことに由来します。

復活大祭には、次に紹介するパスハの発放讃詞《はっぽうさんし》（各祭日に設定されている、その祭日のテーマを示す短い祈祷文）が、様々な旋律・曲で（また場合によっては様々な言語で）、繰り返し歌われます。パスハの意義を非常に短く簡潔にまとめている聖歌であり、他の聖歌・祈祷文は覚えていなくとも、この歌だけは覚えているという信者も少なくありません。

（パスハの発放讃詞）
ハリストス死より復活し、死をもって死を滅ぼし、墓にある者に生命《いのち》を賜へり。

この歌は升天祭《しょうてんさい》の前日までの復活祭期《ふっかつさいき》と呼ばれる期間中、毎日歌われます。

また復活大祭当日から復活祭期の間は、先に聖堂前での聖職者と一般信者のやり取りとして紹介しました、「ハリストス復活！」「実に復活！」という応答が、信者間で祈りを込めた挨拶として交わされます。

復活大祭から一週間は光明週間《こうめいしゅうかん》と呼ばれます。小規模な教会では光明週間の奉神礼は行われない事も多いですが、大規模な修道院ですと、毎日光明週間の奉神礼が行われて祝われます。

食　事

復活大祭の奉神礼《ほうしんれい》が終わると、それまでの大斎での食品制限が解かれ、肉料理や乳製品・卵を使った料理がふんだんに用意され、お酒も皆で飲む楽しい宴会が開かれます。この宴会では、久し振りに口にする肉料理を早朝に食べるわけで、調子に乗ってお肉を沢山食べすぎますとお腹をこわすこともありますから、食べる量に気を付けます。

復活大祭の奉神礼中に聖水を振り掛けられて成聖《せいせい》された、復活祭の卵（復活大祭を「イースター」と正教会であまり呼ばない事から、これも「イースター・エッグ」とはあまり呼びません）と呼ばれる、染めたり装飾を施したりしたゆで卵が配られて皆で食べます。東欧諸国では、複雑な文様で装飾されたピーサンカと呼ばれる復活祭の卵が使われることもあります。他に、乳製品の斎も解かれることから、地域によっては乳製品と鶏卵を使ったその名もずばりパスハと呼ばれる甘いお菓子や、砂糖などで飾り付けられたクリーチと呼ばれるパンも成聖されて食べられます。

また、光明週間《こうめいしゅうかん》は不禁食週間《ふきんしょくしゅうかん》とされ、普段の水曜・金曜における斎《ものいみ》も解かれ、信者は肉料理を毎日食べることができます。

前述しました通り、久しぶりに食べる肉料理はとても美味しく感じます。単なる同じ信仰を持つ信者達との交わりとしての楽しみだけではなく、食事の本来の美味しさと有難味の回復という楽しみも、復活大祭の宴会にはあります。

光明週間月曜日

復活大祭の翌月曜日は、サカルトヴェロ（グルジア）、ギリシャ、ウクライナ、ブルガリア、セルビア、ルーマニアといった国々で祝祭日となっていますが（西方教会が優勢な地域においても、西方の復活祭の翌月曜日が国の休日となっていることがあります）、これは、徹夜の祈祷後の早朝にこうした宴会が開かれる習慣と無関係ではない

パスハの食べ物に聖水を撒く主教

でしょう。復活大祭の徹夜の祈りと宴会を終えた翌月曜日では、喜びとともに疲れも残ります。正教の復活大祭の翌月曜日に（国定の祝日・休日とされていない国・地域にあっても）正教信者を相手とする難しい商談・会合を設定することは避けた方が良さそうです。

主日

正教会では（この習慣は西方教会にもありますが）、日曜日を主日《しゅじつ》と呼び、大祭として祝います。復活したハリストスが弟子達に最初に現れられたのが主日でした。だからこそ正教会では復活大祭が主日（日曜日）に祝われ、さらに毎週言わば「小復活祭」（普段はこういう呼び方はしませんが）が祝われているということになります。

ハリストスの復活の瞬間は聖書に記されておらず、機密に包まれています。初心者向けに分かり易く「ハリストスは主日（日曜日）に復活した」と説明する事もありますが、厳密には正確ではありません。あくまで「復活が啓示されたのが主日」であるということです。なおこれは、「実際に復活したわけではない」という意味ではありません。ハリストスは実際に復活し升天した、というのが正教会の外せない信仰内容です。

それではなぜ復活は主日に啓示されたのでしょうか。

創世記の第1章と第2章を見ますと、大変興味深いことに気付きます。「一日」（原文でも序数詞ではなく、聖ニコライ・中井訳による正教会の創世記はこれを反映しています）、そして「第二日」から「第六日」までは、「夕あり、朝あり、是れ（第）〇日なり」となっているのに、七日目にはそのような記述がありません。

つまり7日目は継続している、と解釈することが可能です。正教会ではこの世を『第七日』の継続」と捉えます。そして、日曜日は天地創造（巻末用語解説参照）が始まった日として「一日」ですが、同時に七日目である土曜日の翌日として「第八日」でもあります。だとしますと、「第八日」は「来世」（この世の終わりが来た後の）を意味するものとなります。

この世の始まりでもある一日であり、来世を意味する第八日でもある主日（日曜日）にハリストスの復活が啓示されたことは、この世に生きる人々の生命が新たに創造し直され、来世に復活する者として創りかえられたことを示すものでもあります。

こうして主日は、この世と来世における復活の生命まで思い起こさせる「小復活祭」と言えます。土曜日夜（先述の通り教会暦の区切りは日没ですから、教会暦上は「前日」ではなく「当日」です）には（人員・物品が許す限り）毎週徹夜祷が行われ、主日午前中には毎週時課に引き続いて聖体礼儀が行われるのも、毎週一度の大祭と位置付けられているからです。

第９章　十二大祭とその他の主な祭

ここでは十二大祭、および多くの地域で祝われる祭についてみていきます。十二大祭には◎、十二大祭ではない祭には見出しに○をつけています。

◎生神女誕生祭《しょうしんじょたんじょうさい》（９月８日／９月21日）

その名の通り、生神女《しょうしんじょ》マリヤの誕生を祝う祭です。

教会暦では本来は９月１日が「新年」とされており、生神女誕生祭は教会暦上、最初に祝われる十二大祭となります。各種の祭の解説で、生神女誕生祭が最初に来るようになっている（本書でもそのようにしています）のもこのためです。

一方で現代の正教会では、国の新年に合わせて、新年の為の祈りを1月1日に移しているケースがあります。たとえば日本正教会ではグレゴリオ暦の元旦に、新年のための奉神礼（聖体礼儀ないしモレーベン等）を行っています。

生神女誕生祭《しょうしんじょたんじょうさい》に限らず生神女マリヤの祭では、祭服や各種の祭台（テーブル）等のカバーは（物品が揃っている範囲で）青色に替えられます。このような「祭日色」は地域によって何色を使うかはかなり異なりますが、生神女の祭に青色を使うのは大体どこの地域の正教会でも同様です。

◎**十字架挙栄祭《じゅうじかきょえいさい》**（9月14日／9月27日）

亜使徒聖大帝コンスタンティン（コンスタンティヌス）が十字架の印によって敵軍に勝ち、その母である聖太后エレナがエルサレムでハリストスがかけられた十字架を発掘・発見したことを記憶する祭です。

この発見の際、押し寄せてきた信者である群衆によく見えるよう、主教が十字架を高く掲げ、これに対して信者が伏拝し「主《しゅ》憐れめよ」と叫んだ故事に由来して、十字架を聖堂内で主教が高く掲げ（主教不在の教会では司祭が行うことが稀にありますが、基本的には主教が行います）、詠隊が「主憐れめよ」と百回繰り返して歌う奉神礼があります。

十字架を掲げて上下させる主教と補助する司祭たち

十字架挙栄祭《じゅうじかきょえいさい》の祭期中《さいきちゅう》、聖堂の中央に十字架が出され、信者達はそれに伏拝《ふくはい》して接吻する習慣があります。また、この祭は「祭」であるとともに「斎《ものいみ》」でもあり、魚も食べないという特徴があります（同じような特徴のある祭として、前駆授洗《ぜんくじゅせん》イオアン斬首祭《ざんしゅさい》があります）。

○生神女庇護祭《しょうしんじょひごさい》（10月1日／10月14日）

　コンスタンディヌーポリに敵軍が攻め寄せて来た時、大聖堂内で佯狂者《ようきょうしゃ》聖アンドレイとその弟子聖エピファニイが神の加護を願っていたところ、大聖堂の天井付近で肩衣《オモフォル》（マフラー状の祭服）を両手に掲げて人々の為に祈っている生神女の姿を見、その事を聞いた人々は大いに力づけられ、敵軍を撃退したことを記憶する祭です。この敵軍はイスラムの軍と言われていますが、別の伝承では、ルーシ（今のキエフ周辺にあった国家であり、ロシアやウクライナの前身）がコンスタンディヌーポリに侵攻した際にルーシ側の艦隊が全滅したことに由来が示されています（キエフの年代記者聖ネストル〔１０５６頃－１１１４〕がこの伝承を伝えています）。

　ルーシからコンスタンディヌーポリへの侵攻が由来の一つであるという説があるにもかかわらず、どういうわけかギリシャではそれほど大きく祝われず、ロシア、ウクライナ、ベラルーシ等の正教会で広く祝われる祭となっており、記憶する聖堂もそれらの地域に多く建てられています。ロシアから正教が伝えられた日本正教会でも広く祝われ、生神女庇護聖堂が複数（宮城県上下堤、横浜、静岡、大阪、熊本県人吉）あります。モスクワの赤の広場に建っている「聖ワシリイ大聖堂」の愛称で知られる大聖堂の正式名称は生神女《しょうしんじょ》庇《ひ》護《ご》大聖堂《だいせいどう》であり、この祭を記憶する聖堂です。

◎生神女進堂祭《しょうしんじょしんどうさい》（11月21日／12月４日）

　生神女マリヤが神に仕えるために両親（イオアキムとアンナ）によって神殿に連れて来られ、神殿の至聖所にまで入ったあと、神殿での奉仕を始めたことを記憶する祭です。

◎主《しゅ》の降誕祭《こうたんさい》（12月25日／1月7日）

主イイスス・ハリストスが神聖神《かみせいしん》の働きにより、処女のままの生神女マリヤから、真の神・真の人としてお生まれになったという降誕を記憶する祭です。

この祭は正確には「ハリストスの誕生日」ではありません。いつハリストスがお生まれになったかは聖書に書かれておらず、伝承もありません。元々は後述します神現祭（主の洗礼祭）において主の降誕も合わせて記憶されていたのですが、のちに太陽神の祭に合わせて主の降誕祭が設定されたと考えられています。

降誕は、イイスス・ハリストスが真の神であり真の人として、人である女（生神女マリヤ）から生まれられた事を記憶します。人とこの世が輝かしいものとして創りなおされたという意義もあることから、街がイルミネーションで飾られます。

降誕祭の夜（前晩、クリスマス・イブ）は、教会でも長めの奉神礼があり、華やかな聖歌も歌われますが、宴会は基本的にありません。

イウデヤ人（ユダヤ人）達が待ち望んでいた救い主の降誕でしたが、そのお生まれを祝いに来たのは、夜勤中だった羊飼い達と、三人の東方の博士（異邦人）達だけだったと聖書は告げています。この世のことで心が一杯になっている時には、折角の神による救いに感謝しないどころか気付きもしない事があり得ることも降誕祭に覚えます。降誕祭の夜を静かに祈って過ごすのは、夜にお生まれになったハリストスを記憶し、ハリストスを迎える場所を心の中に作るためでもあります。

いつの頃からか、近年の日本で「カップルだけが喜ぶお祭」となってしまっているのはもったいない話です。先述の通り、主の降誕が知らされ、お祝いに来たのは、夜勤中の羊飼い達であり、また異邦人でした。ハリストスを迎える余裕が心の中にある時に、降誕祭が本当の意味で活きてくると正教会は教えます。

一部地域では、降誕祭にあたり「ハリストス生《う》まる」「崇《あが》め讃《ほ》めよ」（アメリカの正教会など）もしくは「ハリストス生《う》まる」「実《じつ》に生まる」（セルビア正教会）といった挨拶を信者間で交わす習慣があります（日本正教会では２０１４年現在ではこのような挨拶は一部で言われるにとどまっています）。ロシア正教会では「ハリストスの降誕とともに」を意味する言葉（с рождеством христовым）が、お祝いの言葉として言われたり、降誕祭のカードに書かれたりします。

先述の通り、正教会聖歌としてはプロテスタントの賛美歌は使われませんから、クリスマス・キャロルとして日本でもよく知られる歌は全く使われません（ただし例外として、どういうわけか「きよしこの夜」だけは、聖歌ではありませんので聖堂内では使われませんが、ロシア等では歌われます）。

○主《しゅ》の割礼祭《かつれいさい》・聖大《せいだい》ワシリイ祭《さい》（１月１日／１月14日）

主イイスス・ハリストスが、降誕後八日目に割礼（旧約の律法において定められている、男性器の包皮を切り取る儀礼ですが、新約時代には行われなくなりました）を受けられ（実際、降誕祭から八日目にこの祭は祝われます）、イイススと名付けられた事を記憶する祭です。ハリストスが真の人として肉体をもってこの世で生活されたことを表しています。

正教会は、ハリストスが人の精神も肉体も完全に人となってこの世に来られたことで、人の精神も肉体も新たに良い状態に創りかえられたと理解します。正教会が肉体を蔑視しない姿勢の由来かつ表れの一つでもあるのがこの祭です。

この日は、正教会において大変重要な聖人の一人である聖大ワシリイを記憶する祭でもあり、聖金口イオアン聖体礼儀ではなく聖大ワシリイ聖体礼儀が行われます。

ギリシャではこの日に、聖大ワシリイの名（現代ギリシャ語では「ヴァシリオス」）に由来するヴァシロピタと呼ばれる丸い大きなパンを、家長が切り分けて食べる習慣があります。

◎神現祭《しんげんさい》（主《しゅ》の洗礼祭《せんれいさい》）（1月6日／1月19日）

主イイスス・ハリストスが、イオルダン川（ヨルダン川）で洗礼を受けられたことを記憶する祭です（西方教会では「公現祭」と訳される祭は東方の三博士がイイススを礼拝しに来た事を記憶する祭に変化していますが、祭の発祥は東方の神現祭であり、元来は主の洗礼を記憶するものでした）。

この時、神子《かみこ》（子なる神）であるイイススが洗礼を受け、天から神父《かみちち》（父なる神）の「此《これ》は我《われ》の至愛《しあい》の子《こ》、我《わ》が喜《よろこ》べる者《もの》なり。」と言う声が聞こえ、神聖神《かみせいしん》（聖霊）が鴿《はと》のかたちをとって降ったことで、至聖三者《しせいさんしゃ》（三位一体の神）が初めて明らかに人に対して啓示されたと理解されることから、「神が現れた」すなわち神現祭《しんげんさい》と呼ばれます。旧約各所でもおぼろげに至聖三者（三位一体の神）が随所に預言されている、と正教会では解釈されていますが、明らかに啓示されたのはこの時が初めてであるとされます。

大聖水式《だいせいすいしき》

神現祭（主の洗礼祭、1月6日／1月19日）の前日もしくは当日には、大聖水式と呼ばれる奉神礼が行われます。

イイスス・ハリストスは真の神であり真の人として信じられています。罪がない神人《かみびと》であるイイスス・ハリストスが水に入り洗礼を受けられたことで、むしろ水の方が成聖《せいせい》されたとするのが正教会における解釈です。この成聖を現在に拡張し現臨させるものとして、大聖水式が神現祭にあたって行われます。

聖水式では、タンクに入れた水に十字架を降ろして入れ、水中に十字を画くことで水を成聖《せいせい》し、水は聖水になります。十字行を行って湖・河川まで行き、そこの水を成聖してまるごと聖水にすることもあります。世界中に満遍なく存在する水を成聖し、全世界が成聖されるよう願い、聖水を人や聖堂等の建物に撒きます。

聖水式が終わると、信者達は聖水を、清潔に洗浄したペットボトルなどに入れて持ち帰ります。自宅に持ち帰った聖水は祈りとともに飲む

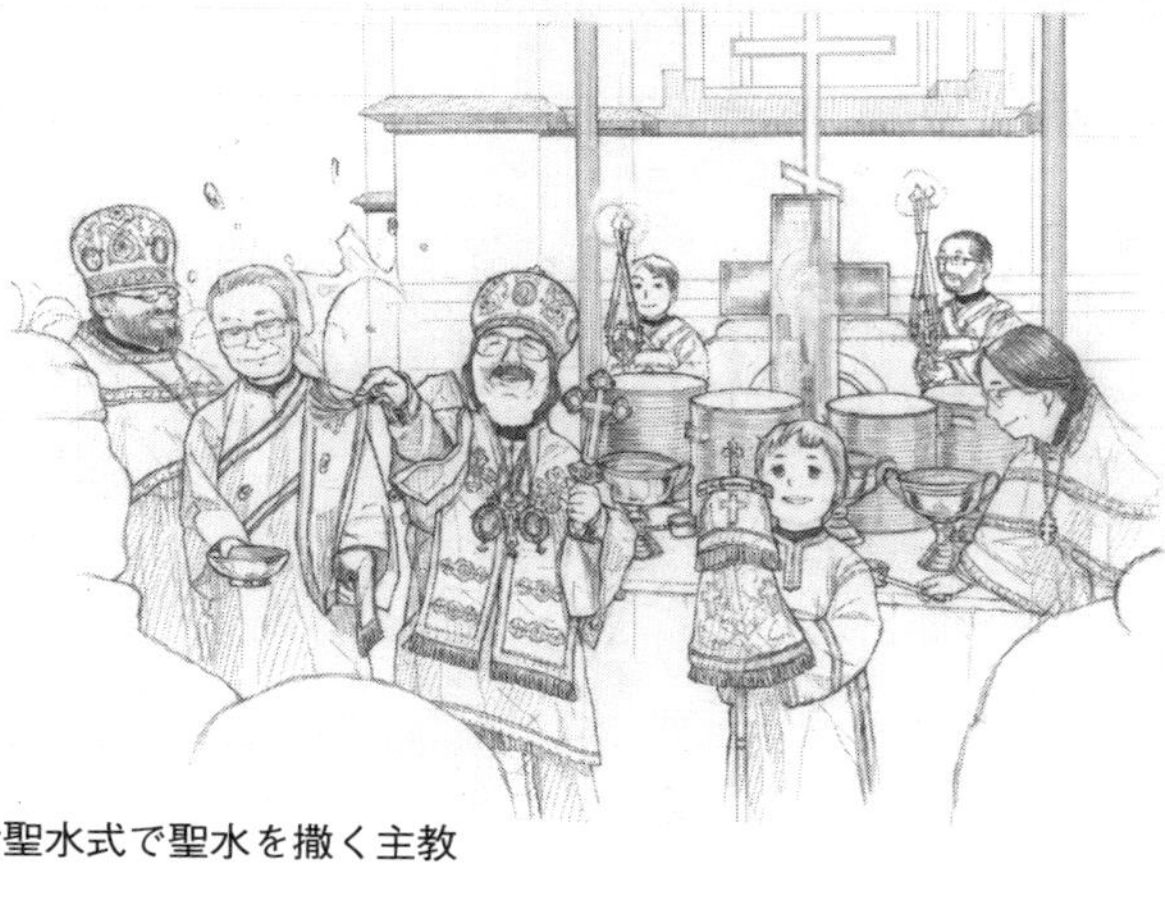

大聖水式で聖水を撒く主教

ほか、料理に少しずつ振り掛けるなどして使われます。聖水は病気の癒しを願って飲まれるものでもあるため、病院に入院中の信者へのお見舞いに持って行くこともあります。私も病院に入院中の信者さんに、よく聖水を持って行きます。

地域によっては河川や湖における大聖水式に際して、聖水になった河川や湖に入って水浴び・沐浴する習慣があります。河川が近くにない場合、大きな水タンクが用意されて沐浴が行われることもあります。これは洗礼ではありません。洗礼は一生に一回だけ行われるものです。ただ聖水に浸かることで、神からの恩寵を頂きたいという信者の熱意があります。

神現祭は一月です（ユリウス暦を使う正教会でも修正ユリウス暦を使う正教会でも）。南半球にも正教会はあり、同地域で同様の習慣を実施してもそこまで過酷ではありませんが、北半球では冬真只中です。ギリシャでも寒いですが、寒中沐浴の習慣を有するロシア、ウクライナ、ベラルーシといった国々での寒さは大変なものがあります。氷が張った河川や湖で、氷に穴を開けて聖水式を行い、そこで沐浴を行うこともあります。衝撃的な「絵」になるため、テレビニュースなどでその模様が映し出されることもあります。

しかし、教会の奉神礼指示書・祈祷書には、「聖水の中に入って沐浴するように」とは一切書いてありません。日本正教会でもこの習慣は２０１４年現在、全く行われていません。冷水浴の習慣がある地域の正教会でも、冷水浴をする信者は、実際には極めて一部に限られます（毎週教会に行くような信者の中でさえも一部にとどまります）。

こうした習慣を有する教会の教職者からは、冷たい聖水に入って沐浴するほどの熱い信仰は肯定されるものの、信者が他の信者に無理強いするようなことは絶対にしないように、そして神現祭の本義を忘れて冷水浴をメインイベントと捉えないよう、毎年公的なメッセージが発せられます。

一般の信者達の大多数にとって神現祭と大聖水式は「冷水浴をする日」ではなく、「聖水を主教様もしくは神父様に振り掛けてもらって、そしてペットボトルや水筒等に入れて持ち帰る日」です。

神現祭以外でも、聖堂に常備している聖水が不足して来た場合、あるいは何らかの祭に合わせて聖水式を行うことがありますが、この時行う聖水式は小聖水式と呼ばれます。「小」という名ですが、小聖水式の方が、かかる時間は大聖水式より長めです。

◎主《しゅ》の迎接祭《げいせつさい》（２月２日／２月15日）
旧約の律法において、新たに生まれた子供は四十日目に神殿に連れて行き、奉げ物をしなければならないと定められていました。

イオシフ（ヨセフ）と生神女マリヤもこの律法を守り、イイススを神殿に連れて来ましたが、この時神殿にいた聖預言者シメオンは、イイススが預言された救い主であると分かり（救い主を見るまでは死ぬことがないという預言を彼は受けていました）、イイススを生神女マリヤから受け取って抱き上げ（この事から抱神者《ほうしんしゃ》シメオンとも呼ばれます）、イイススが預言された救い主であること、自分はこれで安らかに眠れる（死ねる）と言い、ほどなくして永眠したと伝えられています。同じく神殿にいた聖預言女アンナもイイススが救い主であると分かって喜んで感謝したと伝えられています。これらの一連の出来事を記憶するのが主の迎接祭《げいせつさい》です。

◎生神女福音祭《しょうしんじょふくいんさい》（3月25日／4月7日）

生神女《しょうしんじょ》マリヤに、天使首ガウリイル（ガブリエル）が、主の降誕を告げ、生神女マリヤがそれを受け入れたことを記憶する祭です。

この生神女の受諾がなければ、人類の救い・新約は始まりませんでした。生神女の聖歌が各種の祈りの終結部で歌われることが多いのも、救いの成就に関わったという理解から来ています。

日付をみて頂きたいのですが、3月25日／4月7日は、12月25日／1月7日のちょうど9ヶ月前です。つまり通常の妊娠期間と同様の長さを意図してこの祭が設定されているという事になります（実際の日数を考慮しているという点は、割礼祭でも同様なことは先述の通りです）。このことも、ハリストスが真の神でもあり真の人でもあることを示しているとされます。

生神女福音祭《しょうしんじょふくいんさい》は大斎《おおものいみ》に重なることが多いのですが、大斎《おおものいみ》に魚まで禁食している人は、生神女福音祭《しょうしんじょふくいんさい》には魚を食べることが許されます。魚に至るまで禁食している信者は、この祭日に魚の美味しさを実感することになります。ただし必ず大斎に重なるわけではありません。復活大祭に重なる時にはキリオパスハと呼ばれることは第一章で前述の通りですが、稀に光明週間《こうめいしゅうかん》に生神女福音祭が重なることもあります。

◎聖枝祭《せいしさい》（移動祭日、3－4月）

復活大祭（パスハ）の一週間前に祝われる祭です。新約において、イイスス・ハリストスはイェルサリム（エルサレム）に民衆の歓呼の声に迎えられて入城して、僅か一週間のうちに殺され、一週間後に復活したとする経緯が書かれており、割礼祭、生神女福音祭と降誕祭のように、実際の時間の長さがイメージされる日付の設定となっています。

当時のイェルサリムの人々は、この世においてローマ帝国から解放する王と誤解してイイススを迎えましたが、イイスス・ハリストスは永遠の生命という新しい神の国に人々を導きいれる王として、死んで復活し人を救うためにイェルサリムに入られたと、正教会は記憶します。

この世における自分の願望を投影するのではなく、本来の救いに目を向けるべきこと、そして受難・十字架・復活が、イイスス・ハリストス自身の自由な意思に由るものであったことを、この祭は教えます。

聖枝祭《せいしさい》の名の由来は、人々がイェルサリムにおいてイイススを王として迎えた際、ナツメヤシの枝を手にとって祝ったことから、教会においても枝を持って奉神礼に参加することにあります。オリーブ、ナツメヤシ、棕櫚の枝が好まれますが、何の枝を使うかという規定は特にありません。ヤシが生育できない寒冷なロシアを含む北欧・東欧では、ネコヤナギの枝が一般的に使われる地域があります（正教会のみならず、北欧・東欧における西方教会でも同様です）。日本正教会でも少なくない教会でネコヤナギの枝が使われています。

◎主《しゅ》の升天祭《しょうてんさい》（移動祭日、5月か6月）

升天祭《しょうてんさい》は主イイスス・ハリストスが復活の四十日後に天に升《のぼ》り、神父《かみちち》（父なる神）の右に座した事を記憶します。「天に升《のぼ》る」と言っても、物質的に天空・上空に升《のぼ》って行かれた訳ではありません。「天」は教会・聖書において、「神と天使が住んでいる世界」を表します。

目に見えない状態になられたハリストスですが、目に見えない状態でも、ハリストスは人と共に居られるというのが正教会における理解となっているのは、「天」が場所的な概念ではない事が前提となっています。

また、ハリストスが至聖三者の御一方として、真の神・真の人（神人《かみびと》）として、天に升《のぼ》ったということは、人もまた、死に、復活し、天に升《のぼ》り得る者として創りかえられたことを意味しています。

◎**五旬祭《ごじゅんさい》（聖神降臨祭《せいしんこうりんさい》）**（移動祭日、５月か６月）

五旬祭では、ハリストスの復活の五十日後に神聖神《かみせいしん》（聖霊）が降臨したことを記憶し、また教会に聖神が降って活動し続けていることを記憶します。また五旬祭の翌月曜日には「聖神《せいしん》の日」という祭があり、土曜日も含めて３日間（土曜日没から月曜日没まで、教会暦上は満２日間）にわたって祝われます。

聖神降臨《せいしん》により、地上の神の国であり、ハリストスを仰ぎ生きる人々の集まりである新しい教会が生まれたとされます。さらに聖神降臨はイイスス・ハリストスによる伝道活動の最後の成就ともされ、また聖なる公なる使徒の教会の歴史の始まりともされています。

生命《せいめい》を賜《たま》う聖神《せいしん》を記憶するため、聖堂には植木鉢に植えられた木々や枝葉が持ち込まれ、祭服や各種の祭台（テーブル）等のカバーは緑色に（物品が揃っている範囲で）替えられます。

西方教会では緑色は通常色として使われますが、正教会では聖枝祭と五旬祭の祭日色が緑色で、通常色は金色。緑色の祭服を目にする機会は多くありません。

五旬祭の翌週は衆聖人《しゅうせいじん》の主日《しゅじつ》とされ、全聖人が記憶される日となっています。西方教会には11月1日に「諸聖人の日」「万聖節」と呼ばれる似た趣旨の祭日がありますが、移動祭日でしかも6月となる正教の衆聖人の主日とは時期が大きく異なります。

○前駆授洗《ぜんくじゅせん》イオアン誕生祭《たんじょうさい》（6月24日／7月7日）

その名の通り、前駆授洗《ぜんくじゅせん》イオアン（洗礼者ヨハネ）の誕生を祝う祭です。

日付が生神女福音祭から3ヶ月になっているのは、生神女福音の時には既に母エリサヴェタがイオアンを孕んで6ヶ月であったこと、生神女福音から3ヶ月ほどしてイオアンが生まれたことが聖書（ルカ福音〔ルカによる福音書〕1章26節、36節、56節、57節）に書かれていることに由来しています。

前駆授洗イオアンは旧約における最後の預言者であり、かつその誕生の預言は新約の始まりであるともされます。イオアンの誕生について、天使と、イオアンの父による預言では、誕生するイオアンが、主（ハリストス）の前に道を備える者となることが告げられていました（ルカ福音〔ルカによる福音書〕1章17節、76節）。

生神女誕生祭や生神女進堂祭が他の祭に比べて遅くに成立したのに対し、前駆授洗イオアンの誕生は1世紀には祝われていました。これは生神女の誕生とは違い、前駆授洗イオアンの誕生については多くの人にイオアンの生涯の意味が預言されていたことが、新約の始まりとして認識されたことに由来しています。

○首座使徒《しゅざしと》ペトル・パワェル祭《さい》（6月30日／7月12日）

首座の聖使徒と称えられる、聖使徒ペトル（ペトロ）と、聖使徒パワェル（パウロ）を記憶する祭です（「首座使徒」の意味と「パワェル」の読みについては巻末用語解説参照）。

五旬祭の翌週である衆聖人《しゅうせいじん》の主日の翌月曜日からこの祭まで、「聖使徒の斎《ものいみ》」があります。

なお、修正ユリウス暦の問題として、この斎が消滅してしまうケースの存在がユリウス暦支持者から指摘されることがあります。衆聖人の主日が6月29日もしくは6月30日になる年には、それぞれ衆聖人の主日の当日もしくは翌日が首座使徒ペトル・パワェル祭になり、聖使徒の斎が消えてしまいます。

○十字架出行祭《じゅうじかしゅっこうさい》（8月1日／8月14日）

コンスタンディヌーポリにおいて、疫病が頻繁に流行る8月に十字架を聖堂から出して街を成聖《せいせい》し、病の根絶を祈願したことに由来する祭です。由来や意義は十字架挙栄祭と全く異なりますが、幾つかの聖歌（「主宰《しゅさい》や我等《われら》爾《なんぢ》の十字架《じゅうじか》に伏拝《ふくはい》し爾《なんぢ》の聖なる復活《ふくかつ》を讃栄《さんえい》せん」や「主《しゅ》や爾《なんぢ》の民《たみ》を救《すく》い」など）は、十字架挙栄祭と共通しています。

988年のこの日にキエフ・ルーシの集団洗礼が行われたことを記憶し、ロシア正教会、ウクライナ正教会などでは小聖水式が行われる習慣があります（カバー写真）。またこの日はロシア正教会、ウクライナ正教会などでは「蜂蜜の救主《きゅうしゅ》」とも呼ばれ、蜂蜜の収穫を神に感謝し、蜂蜜に聖水をかけて成聖する習慣もあります（誠に残念ながら2014年現在の時点では、日本正教会ではこの祭はほとんど祝われていません）。

この日から、生神女就寝祭の斎《ものいみ》が始まります。祭にあたってしっかり食べ、蜂蜜の甘味に心を励まされて斎に入り、自分を生神女就寝祭に備えます。

◎主《しゅ》の顕栄祭《けんえいさい》（主《しゅ》の変容祭《へんようさい》）（8月6日／8月19日）

主イイスス・ハリストスが、聖使徒ペトル（ペトロ）、聖使徒イアコフ（ヤコブ）、聖使徒イオアン（ヨハネ）を連れてファヴォル山（タボル山・山の名は聖書に記載されておらず、伝承されているものです）に登り、そこで白く輝いて変容し、預言者モイセイ（モーセ）と預言者イリヤ（エリヤ）と語り合い、光栄を顕《あらわ》したことを記憶する祭です（マトフェイ福音〔マタイによる福音書〕17章1節－9節など）。

受難を前に、弟子達の信仰を堅くするための顕栄《けんえい》であり、受難が神人《かみびと》イイスス・ハリストスの自由意思によるものであったことを示すと共に、このようなハリストスによる奇蹟を見ていても、ハリストスの受難に際して動揺した弟子達の姿に、信者は自分の信仰の弱さと同じ弱さを見出して自己反省のきっかけとします。

加えて正教会では、真の神であり真の人であるハリストスが変容し光栄を顕したということは、人もまた同じように輝かしい存在に成り得ることを示すものとして受け止められています。

顕栄祭《けんえいさい》では、果物に聖水をかけて成聖《せいせい》する習慣があります。どんな果物を聖堂に持ち寄るかについては特に決まりはありません。信者達は思い思いの果物を聖堂に持ってきて、成聖してもらい、教会境内で皆で食べるか、もしくは家に持ち帰って感謝して食べます。

余談になりますが、私が至聖三者聖セルギイ大修道院に滞在中、モスクワに観光に出掛けて歩いていましたら、政党「ヤブロコ」（反エリツィン・反プーチンで、小政党ですが主要政党では唯一チェチェン戦争に反対してきた姿勢で知られる野党です）の事務所がありました。顕栄祭の直後でしたが、党員・支援者と思われる人々が持ち寄ったリンゴ（党名が「リンゴ」を意味するので、それとかけているのでしょう）に、呼ばれた司祭が聖水をかけて成聖し、その後党員・支援者達が街を行く人達にそのリンゴを配るキャンペーンをしたことを報じる機関紙が貼り出されていました。

政権と協力する場面ばかり目立って報道されがちなロシア正教会ですが、正教会の習慣がソ連時代の弾圧による壊滅的被害を乗り越えて野党に至るまで復活しており、与野党の別を問わず、呼ばれれば正教会の司祭が奉神礼の執行に出向いている事は、もっと知られても良いロシアの日常の一コマでしょう。

◎生神女就寝祭《しょうしんじょしゅうしんさい》（8月15日／8月28日）

生神女《しょうしんじょ》マリヤの就寝《しゅうしん》（永眠）を記憶する祭です。聖書に生神女マリヤの永眠についての記述はなく、その様子は伝承の範疇になります。その一部を紹介します。

天軍首ガウリイル（ガブリエル、生神女福音の際にも現れた天使）から、三日後に永眠（「永遠の眠り」という意味ではなく、復活するまでの一時的な眠りを意味します）することを告げられた生神女マリヤは、天国でイイススと共に暮らせる日を待ち望んでいたので大変喜び、近しい人たちに三日後の自らの死と別れを告げました。悲しむ人々にむしろ喜ぶよう慰め、生神女は永眠しました。聖使徒フォマ（トマス）だけがその永眠に間に合わず、フォマはそのことを悲しみました。人々がフォマのために墓を開けてみると、既にそこに身体はありませんでした。生神女の身体は天に移され、天からは生神女の声が聞こえ、人々はこれに応えて「至聖なる生神女よ我等を救い給え」と叫んだ――以上が伝承の概略です。

ローマ・カトリック教会では同日に、聖母マリヤは通常の死を免れて霊魂も肉体もともに天に上げられたとして「聖母の被昇天《ひしょうてん》」を祝いますが、正教会での生神女《しょうしんじょ》就寝《しゅうしん》は現実の死（就寝・永眠）であったことが特に言及されます。したがって正教会の生神女《しょうしんじょ》就寝聖堂《しゅうしんせいどう》、ないし生神女《しょうしんじょ》就寝大聖堂《しゅうしんだいせいどう》（ウスペンスキー・サボール）に、「聖母被昇天聖堂」といった訳語を当て嵌めるのは適切ではありません。

○前駆授洗《ぜんくじゅせん》イオアン斬首祭《ざんしゅさい》（8月29日／9月11日）

前駆授洗《ぜんくじゅせん》イオアン（洗礼者ヨハネ）が斬首されたことを記憶する日です。この祭も十《じゅう》字架挙栄祭《じかきょえいさい》と同様、「祭」であるとともに「斎《ものいみ》」でもあり、魚も食べない日とされます。

前駆授洗《ぜんくじゅせん》イオアンはその名の通り、ハリストスの前駆として生まれ、人々に洗礼を授けつつ宣教し、イロド王の誤りを糺《ただ》し、首を斬られて死に、死者に対しての宣教も前駆として務めたと信じられています。教会暦は9月1日／9月14日に始まるため、代表的な祭としては、教会暦上最後に祝われるものとなります。

終　章

祝い方と教会の関係

祭の祝い方ですが、「教会」からは外れた祝われ方がされているケースもあります。

幾つかのお祭については、インターネットで東欧諸国の言語を使って祭の画像検索をかけますと、あられもない半裸の男女がお酒を飲んで踊って盛り上がっている写真がヒットすることが珍しくありませんが、もちろんこうした祝い方は教会では望ましくありません。

一方で、教会での祝いという本義から外れなければ、宴会において信者同士が楽しく交流することは、（あくまで節度を守ることが前提であり、飲み過ぎはもちろん禁物ですが）喜ばしい事でもあります。子どもや若者向けの交流イベントを企画することも、世界中の正教会でよく行われていることです。

どこまでが教会の祭に付随が許される、祭りの本義を信者が想い起こす「宴」「イベント」なのかについては、現代の正教会においてのみならず、古代から不変の課題です。正教会は「聖」と「俗」を切り離すのではなく、「俗」とされる生活の部分をどのように聖なるものとしていくかを、今もこれからも常に模索し続けます。

参加の度合い

聖職者は信者に対し、「無理はなさらず、しかし可能な範囲で教会での祭にどんどん参祷して下さい。大きな実りがあります。」などと申します。場合によっては、「信者たる者、教会の祭に来るようにしましょう。」と強めにお勧め・指導することもあります。

しかしこうした指導と、信者の日常生活における折り合いの結果、どこまで正教の斎・祭に教会で参加できているかは、（生業の事情・健康状態・熱心さといった要因により）人によってばらつきがあるという現実があります。加えて残念ながら人員・物品の不足から、当該地域の教会自体で全ての祭が実施できない場合も多々あります。全ての信者が本書で紹介された祭や斎を完全に守っているわけではありません。

一方で、信者が正教会の教えにますます則って豊かに生きようとする場合、復活大祭は外しませんし、神学が書かれた書物を手に取るよりもまず先に、教会の祭により参加し、より斎を守ろうとします。

序文でも申しましたように、こうした「信者の生活と心情に大きな影響を及ぼす信仰内容」が祭にこそよく現れていますため、正教を理解するのには、神学書を百冊読むよりも、祭を見るのが近道であり必須でもあるのです。

［余禄］

旅行会社の方へのアドバイス

祭・礼拝の見学に際して

非信者が祭を見学する事は、教会の教えに反していないどころか、むしろ勧められることです。個人での見学は、奉神礼を邪魔しない時間帯に出入りし、奇抜な服装・露出度の高い服装を避けて静粛を守れば、大概可能となっています。しかしながら、立ち位置等について御案内するガイド役がいない教会では、日本でも海外でも、非信者の団体・大人数による飛び入りの見学はお断りすることがあります。訪問前に当該教会に見学の可否、およびマナーをお問い合わせになることをお勧めします。

報道関係の方へのアドバイス

「聖体礼儀」「ミサ」等を例にした用語の注意

正教会の聖体礼儀が「ミサ」と呼ばれてしまうことが多々あります。確かに正教会の聖体礼儀も、ローマ・カトリック教会のミサも、（捉え方に違いがありますが）パンと葡萄酒がハリストスの尊体尊血になる祈りであるという共通点があります。しかしこれらの混用が不適切な理由を二つ挙げます。

まず、聖体礼儀は先述の通り、正教会で最も大事な祈りです。その名前が間違えられるというのは、喩えて言えば、ペプシの事業所で「コカコーラを下さい」と言うようなもので、言われた側は怒ることはないにせよ、寂しい気持ちになるのは抑えがたいものがあります。

今一つ、報道の場面で問題が生じます。例えば「正教会の総主教がミサを執り行った」ことがあれば歴史的大事件です。「ミサ」はローマ・カトリック教会の典礼の一つです。正教会の総主教がローマ・カトリック教会の典礼を執り行うことは歴史上ありませんでしたし、現時点では将来的にもまず有り得ず、実際に行われれば大変な議論を呼びます。しかし「聖体礼儀」を「ミサ」と単純に呼び間違えているだけの「～で○○正教会の総主教がミサを行った」等の「誤報」は後を絶ちません。

特に用語が分からなければ、礼拝もしくは奉神礼と言う方が無難です。

また、役職名も注意が必要です。報道で「ロシア正教会の大司教」と書かれているケースがありましたが、「大司教」はローマ・カトリック教会の用語（英 Archbishop の訳語）であり、正教会では大主教に相当します。しかし調べてみましたら、大主教ではなく、実際には「長司祭」（露：**протоиерей** 英：**Archpriest**）だったというケースがありました。経済記事で譬えれば、常務取締役と報道されていたが、実際には部長だった、といった誤りです。

正教会用語について分からない事がおありでしたら、各地の日本正教会の教会にお問い合わせ頂きたく存じます。

ビジネスマンへのアドバイス

会合の日時と食事

斎における食事の節制については既に見て来た通りですが、特に〔十字架挙栄祭〕〔降誕祭と神現祭の前晩〕〔大斎第一週間の月曜から水曜まで〕〔受難週間〕〔前駆授洗イオアン斬首祭〕においては、魚料理だけでなく油を使った野菜料理までも節制する人もいますので、これらの斎日に正教信者との会食を設定することは避けた方が無難でしょう。日本の非信者の感覚ですと「降誕祭前晩（クリスマスイブ）はパーティーをする日」と考えがちですが、正教信者にとっては真逆に斎をする時ですから、特に注意が必要です。

また、信者個々人によって節制の度合いも熱心さも違いますから、「仕事上の会食は断らない」という信者もいる一方で、「仕事上の会食であっても、斎期には肉・乳製品・卵・魚は注文しない」という信者もいます。最初のうちは相手は後者であると考えた方が無難でしょう。

また、第6章で詳述しますが、復活大祭は徹夜で祝った後、午前中にかけて宴会が行われますから、当日はもちろんのこと、それらの疲れがまだ残っている復活大祭翌月曜日も、会食や会合は避けた方が良さそうです。

用語解説

（五十音順・「希語」＝ギリシャ語、「露語」＝ロシア語）

アミン（希語：ἀμήν）「真に」「確かに」「かくあらんことを」等を意味する、ヘブライ語に由来する祈祷文。読みは中世以降の希語に由来し、現代ギリシャでもロシアでも「アミン」と唱えられている。西方教会での「アーメン」に相当。

イイスス・ハリストス（希語：Ἰησοῦς Χριστός, 露語：Иисус Христос）イエス・キリストの、日本正教会における表記。正教会が決議を正統とする全地公会において、イイスス・ハリストスは至聖三者《しせいさんしゃ》の位格《いかく》の一つである「神子《かみこ》」であり、真《ま》の神《かみ》であり真《まこと》の人《ひと》として神性《しんせい》と人性《じんせい》の両方が確認されている。このことから「神人《かみびと》」（希語：Θεάνθρωπος 露語：Богочеловек）という称号でも呼ばれる。「イイスス・ハリストス」は中世希語から（現在母語話者が存在しない）教会スラヴ語に移された表記がロシアで読まれた音が、明治時代に日本語に置き換えられた表記（日本正教会の奉神礼での固有名詞表記は、基本的に同様の方式に則っている）。現代希語でも「イイスス・ハリストス」。ただし現代の日本人には希語と露語のどちらの読みも「フリストス」と表記した方が近く聞こえるかもしれない。日本正教会でも「フリストス」に近い音で詠んだり歌ったりされることがある。本書での固有名詞表記は主に、現代希語か、現地音か、もしくは日本正教会でのこうした慣例表記に則っている。

イコン　元の希語で εἰκών（現代希語からイコン、古典希語からエイコーン）。教会ではハリストスや聖人を画いた「聖像」を指すことが多いが、希語での「イメージ」「肖像」「像」といった意味でも使われるなど、多くの語義がある。

永遠《えいえん》の生命《いのち》　正教会において、（いつ来るか分からない）この世の終わりが来た後、霊《たましい》だけでなく肉体も伴って復活し、新しい生命をもって永遠に生きることを表す言葉。全ての人が復活するが、良い復活を遂げる人と悪い復活を遂げてしまう人に分かれるとされる。正教会の信者は、良い復活を遂げることができるように今から備え続け、また良い復活に今この世でも部分的に与り続ける。古代からキリスト教で議論になってきた、「非信者も救われるのか」については、正教会では断言されていない。ただ「非信者が正教信者になること」「非信者も救われること」の両方を正教会は願う姿勢をとっている。

エギペト（エジプト）の聖マリヤ　正教会で極めて重要な聖人。淫蕩な生活を悔い改め、ヨルダン川東岸の砂漠で47年間の厳しい修業を経て聖人となった女性と伝えられている。西方教会でも著名な聖人であり、グスタフ・マーラーの交響曲第8番第2部にも登場する。

エフレムの祝文　大斎《おおものいみ》の平日に唱えられる祈祷文であり、大斎の精神性を簡潔に表している。「主《しゅ》吾《わ》が生命《いのち》の主宰《しゅさい》よ、怠惰《おこたり》と愁悶《もだえ》と陵駕《しのぎ》と空談《むだごと》の情《こころ》を吾《われ》に與《あた》ふる勿《なか》れ（叩拝一次《こうはいいちじ》）。貞操《みさお》と謙遜《へりくだり》と忍耐《こらへ》と愛の情《こころ》を我《われ》爾《なんじ》の僕《ぼく》（婢《ひ》）に與《あた》へ給《たま》へ（叩拝《こうはい》一次）。嗚呼《ああ》主《しゅ》王よ、我《われ》に我《わ》が罪を見、我《わ》が兄弟《けいてい》を議《ぎ》せざるを賜《たま》へ、蓋《けだし》爾《なんじ》は世々《よよ》に崇讃《あがめほ》めらる。アミン（叩拝《こうはい》一次）。（又小拝すること十二次毎次誦《しょう》して曰く）神よ、我罪人《われざいにん》を浄《きよ》め給へ。（後再《のちふたたび》全文を誦《しょう》す）」なお、日本正教会の「時課経」では「陵駕《しのぎ》」となっている訳語は、「小祈祷書」では「矜誇《ほこり》」となっている。

機密《きみつ》（希語：μυστήριον，現代希語でミスティリオン、古典希語でミュステーリオン，露語：Таинство）「目に見えない神の恩寵を、目に見える形を通して頂く」ことを指す概念。洗礼機密、聖体機密、婚配機密《こんばいきみつ》（結婚式）等が挙げられるほか、広義には教会そのものが機密の場であると捉えられる。

偶像《ぐうぞう》　正教会では「存在しないものの像」「神ではない被造物なのに崇拝される者」のこと。刻まれた像に限らず、例えば金銭も、崇拝されるほどになれば「偶像」に成り「拝金主義」となる。「偶像」と訳される元の希語 εἴδωλον（現代希語からイゾロン、古典希語からエイドーロン）には、イメージ、形、姿、幻影といった意味もある。映画「薔薇の名前」では「鏡像」という意味で登場した。イコン εἰκών も偶像 εἴδωλον も、何を指すのかが立場・場面によって異なることが、イコンと偶像の違いを理解する前提になる。

コンスタンディヌーポリ総主教　一般には英語からコンスタンティノープル総主教とも表記されるが、この総主教はギリシャ系なので、本書では基本的にこの現代希語（デモティキ）表記を用いる。日本正教会の祈祷書では「コンスタンティノポリ総主教」。

サカルトヴェロ（グルジア）　国名。「『グルジア』は露語に由来する表記であるから避けるべき」とする意見もあるが、「グルジア」の大元の語源は露語ではなくペルシャ語「グルジスターン」であろうと言われており、「グルジ」を含む呼称は少なくない言語で使われている。本書では慣例表記「グルジア」とともに、カルトウリ語（グルジア語）表記である「サカルトヴェロ」を随所に併記している。

至聖三者《しせいさんしゃ》（希語：Αγία Τριάδα, 露語：Троица, 英語：Holy Trinity）　三位一体の神を表す正教会における訳語。祈祷書において「聖三者」「三者」とも。三つの位格《いかく》「神父《かみちち》・神子《かみこ》・神聖神《かみせいしん》」が一体であるとされる。「三位一体」の訳語は日本正教会の祈祷書にも僅かにあるが、圧倒的に「至聖三者」「聖三者」「三者」の登場頻度が高い。日本以外のこの名を含む堂名・修道院名等が日本正教会で訳される場合、原語における表記が「至聖三者」「聖三者」「三者」のいずれであるかを問わず、基本的に「至聖三者」で訳している。

主教座教会《しゅきょうざきょうかい》　主教が所在し直轄する教会のこと。

首座使徒《しゅざしと》　使徒の中で筆頭として位置付けられる、聖使徒ペトルとパワェルの称号。新共同訳聖書では、ペトルはペトロ、パワェルはパウロ。「パワェル」は「パウェル」のように読む。日本正教会の祈祷書では、教会スラヴ語における固有名詞表記での в（ラテン文字に置き換えるとV）を、ワ行で表記して「ワ、ワィ、ウ、ワェ、ヲ」などと書かれている。祈祷書以外では「パウェル」「パウエル」といった表記がされることもある。

首座主教《しゅざしゅきょう》　独立正教会もしくは自治正教会の筆頭たる主教。総主教とは限らない。例えばセルビア正教会の首座主教は総主教だが、アルバニア正教会の首座主教は大主教、日本正教会の首座主教は府主教。首座主教の所在する教会は、首座主教座《しゅざしゅきょうざ》教会と呼ばれる。

生神女《しょうしんじょ》（希語：Θεοτόκος, 露語：Богородица, 英語：Theotokos）「神を生んだ女」の意。一般に聖母と呼ばれるマリヤ（マリア）の称号。マリヤは真の神であり真の人であるイイスス・ハリストスを生んだと信じられていることに由来する。「聖なる母は一人ではないので（母親で聖人となった女性は数多く、これからも増え続ける）、限定として不十分」「全地公会議で確認され、祈祷書に頻繁に登場する称号を（日本正教会では聖ニコライが訳した形で）尊重するべき」といった理由から、聖母という用語は正教会でほとんど使われない（英語を使う正教会でもHoly Motherとはまず呼ばない）。

聖職者　正教会における聖職者は主教、司祭、輔《ほ》祭。この中に「総主教、府主教、大主教」「長《ちょう》司祭」「長輔祭」などの細かい称号がある。司祭、輔祭は、聖職者になる前であれば結婚でき、妻帯したまま在職可能（多くの場合、修道院以外では、司祭と輔祭は妻帯している）。主教は修道士から選ばれるため、必然的に独身。

聖神《せいしん》（希語：Ἅγιον Πνεῦμα, 露語：Святой Дух, 英語：Holy Spirit）西方教会では聖霊《せいれい》と訳される。至聖三者（三位一体の神）の一つの「位格《いかく》」であり、真に神《かみ》であると捉えられる。「聖なる」が元の語彙に入っているため、「精霊」等は誤字（もしくは誤植）。正教会ではπνεῦμ, дух, spiritの訳語として基本的に「神《しん》」を使用していることを反映した訳語。現代日本語でも「神」の字を「心のはたらき」といった意味で使うことはある。例えば「精神」「失神」など。なお正教会では、「霊」は基本的にはψυχή, душа, soulの訳語に当てている（ただしこの訳し分けには例外も少なくない）。

成聖《せいせい》（希語：ἁγιασμός, 露語：освящение, 英語：consecration）対象を聖にし、神との繋がりを回復すること。水を成聖すれば聖水になる。各種の成聖式では、主教もしくは司祭により聖水が撒かれて成聖が執行される。聖水が撒かれる対象は人、物であるが、聖水によらない成聖の概念もある。祈りや生活の仕方によって、人の生涯や時間まで成聖の対象となる。

藉身《せきしん》（希語：Ενσάρκωση, 露語：Воплощение, 英語：Incarnation）「受肉」と西方教会では訳される用語で、至聖三者（三位一体）の一位格である神子《かみこ》（子なる神）が、肉体をとって人となった事を指す。その能動性を強調するために、「身を藉《か》りる」（「籍」ではなく「藉」）を意味する用語として「藉身《せきしん》」が正教会で使われている。

全地《ぜんち》**総主教**　コンスタンディヌーポリ総主教の称号。希語のΟικουμενικός Πατριάρχηςのうち Οικουμενικόςは「全地公会」でも使われる語彙であることから、本書では「全地総主教」としている。

罪《つみ》　教会での「罪」は、元の希語ἁμαρτία（現代希語でアマルティア、古典希語でハマルティア）では「的外れ」という意味であり、日本語での「罪」とは範囲が大分異なる。例えば思い通りにならない事に対する舌打ちまでも「罪」に数えられる。そうした「罪」までも悔改めれば赦され救われると教えられる。なお「原罪」の捉え方は東西教会間で違う。正教会における原罪観は、西方教会における「原罪責」とは無縁。正教会では場合によっては、誤解を呼びやすいといった理由から、「原罪」という用語の使用を避けることすらもある。この原罪観の違いもあり、正教会の教えにはローマカトリックにおける教え「聖母の無原罪」は存在しない。

天地創造の日数　創世記冒頭における天地創造についての7日の記述について、「実際に24時間×7日間で天地が創造された」とする考えと、「象徴的記述であり、旧約聖書に『（神にとって）千年は一日の如し』とある通り、『1日』を24時間とそのまま捉えるべきではない」とする考えの、両方が正教会内にある。いずれにせよ、1週間の生活の中で、天地創造と、ハリストスの受難と復活を記憶し、曜日に象徴的意味を見いだして日々生きることが重要であることは、全正教会で一致する見解。

パニヒダ（露語：**Панихида**）永眠者のための奉神礼（礼拝）。露語・日本語の名称「パニヒダ」は「徹夜の祈り」を意味する希語に由来するが、現代ギリシャではムニモーシノ（Μνημόσυνο）と呼ばれている。埋葬式前日の通夜、永眠後の日数による3日祭、9日祭、40日祭、1年祭として行われる他、定められた日、また任意の日に行う。パニヒダが終わると、麦もしくは米に蜂蜜を混ぜて炊き、干し葡萄などで十字が飾り付けられた、糖飯《とうはん》と呼ばれる料理を食べる習慣がある。

参考文献

主教ニコライ閲、中井木菟麻呂序、松本高太郎編『公祈祷講話』正教会出版、明治34年10月
ミハイル・ソコロフ著、木村伊薩阿克訳『正教奉神礼』日本正教会、明治24年3月
首司祭イウスチン山口義人『大斎と復活祭』東京復活大聖堂、2001年2月25日
首司祭イウスチン山口義人『大祭のよろこび』東京復活大聖堂、2001年5月24日
府主教カリストス・ウェア『カリストス・ウェア主教論集1　私たちはどのように救われるのか』（司祭ダヴィド水口優明・司祭ゲオルギイ松島雄一訳）、日本ハリストス正教会西日本主教区、2003年9月1日
トマス・ホプコ『正教入門シリーズ2　奉神礼』（司祭イオアン小野貞治訳）、日本ハリストス正教会西日本主教区、2009年8月1日
司祭ダヴィド水口優明 編著『正教会の手引き』日本ハリストス正教会全国宣教委員会、2013年5月改訂
長司祭イオアン高橋保行『ギリシャ正教』講談社学術文庫、1980年
オリヴィエ・クレマン（冷牟田修二、白石治朗訳）『東方正教会』クセジュ文庫、白水社、1977年
"The Blackwell Dictionary of Eastern Christianity" Wiley-Blackwell; New edition, 2001/12/5
長司祭パウェル及川信『ロシア正教会と聖セラフィム―その霊性の源泉を求めて』サンパウロ、2002年
シメオン川又一英『イコンの道――ビザンティンからロシアへ』東京書籍、2004年
鐸木道剛、定村忠士『イコン――ビザンティン世界からロシア、日本へ』毎日新聞、1993年
久松英二『ギリシア正教 東方の智』講談社選書メチエ、2012年
コンスタンチン・P・コワリョフ『ロシア音楽の原点――ボルトニャンスキーの生涯』（ウサミ ナオキ訳、高井寿雄監修）、新読書社、1996年

あとがき

私が二〇〇一年の生神女庇護祭にプロテスタントから帰正《きせい》（他教会から正教に立ち帰ること）して正教信者になってからの、様々な方の御指導と御支援なくしては、本書の執筆は不可能でした。その全ての方を挙げることができないのが大変心苦しいのですが、特に本書の内容に深い関わりのある御教示を下さった方々をここに挙げさせて頂きます。

不肖の若輩たる私を御指導し続けて下さっている全日本の府主教ダニイル座下。東京正教神学院で定理神学の御指導を頂きましたニコライ堂のサワ大浪佑二神父様、聖歌の御指導を頂きましたロマン大川満神父様、奉神礼の御指導を頂きました（帰正の際にもお世話になりました）山手正教会のコンスタンティン桝田尚神父様、新約の御指導を頂きました横浜正教会のグリゴリイ水野宏神父様。ギリシャ語・ギリシャ正教会について御教示を頂きました、日本大学の教授でもいらっしゃるニコライ堂のパウェル中西裕一神父様、小田原正教会のディミトリイ田中仁一神父様。ロシア語・ロシア正教会について御教示を頂きましたニコライ堂の掌院ゲラシム神父様、函館正教会のニコライ・ドミトリエフ神父様とその奥様スヴェトラーナ山崎瞳マトシカ、神戸市外国語大学教授でもいらっしゃる神戸正教会のイーゴリ清水俊行兄。英語圏の正教会について御教示頂きました、ニコライ堂のフェオドシイ市村直巳神父様。各言語の表記につきデータを集めて下さいましたニコライ堂のアリアナ・ドルゴフ姉。至聖三者聖セルギイ大修道院での約一ヶ月間の滞在中にお世話になった教衆・修道士・神学生の皆様。また、ニコライ堂のイウスチン山口義人神父様とイオアン小野貞治神父様・ロシア正教会駐日ポドヴォリエのイオアン長屋房夫神父様・アメリカ正教会のイオアン高橋保行神父様・京都正教会のパウェル及川信神父様・大阪正教会のダヴィド水口優明神父様・名古屋正教会のゲオルギイ松島雄一神父様とその奥様マリア松島純子マトシカ・ニコライ堂のシメオン川又一英兄の著述や訳書に、多くを負っています。

そして、ニコライ堂の聖歌隊指揮者でもある私の代父アンドレイ柴山正雄先生、また私の代母タチヤナ中原（高村）由紀子姉、さらにゲオルギイ西巻昭兄、ユリヤ佐伯明美姉をはじめ、ニコライ堂の詠隊（聖歌隊）の皆様そして信者の皆様と、帰正当初からお世話になり続けながら過ごした祭・斎の経験が、本書の最大の基盤です。

ここに挙げさせて頂きました皆様、また残念ながら挙げる事ができなかった皆様、全てに感謝申し上げます。

出版にあたり、東洋書店の前社長齊藤春夫氏、および岩田悟氏にお世話になりました。ありがとうございました。

私事になり恐縮ですが最後に、先天性の原因により二十代前半で突然下半身不随になる大病をしたことで私の社会復帰が遅れたために、大変な心配と苦労をかけました祖父母と母、そして現在の私を支えてくれている妻への感謝を表します。

神に光栄。

２０１５年 神現祭

クリメント 北原《きたはら》 史門《しもん》

1980年11月、福島県猪苗代町にプロテスタントの家庭に生まれる。親の改宗に合わせ聖公会へ、その後再びプロテスタントとなる。1999年、福島県立会津高等学校卒業。2001年の生神女庇護祭に、正教に帰正。2004年、脊髄動静脈畸形により下半身不随になるが、その後回復。2008年、千葉大学法経学部法学科卒業。2011年7月、東京正教神学院卒業。2012年9月、司祭叙聖、東京復活大聖堂教会（ニコライ堂）に奉職。

イラスト／イオアン岸《きし》 孝《たかし》

1995年よりパントマイムをはじめとしたパフォーマーとして活動し、2007年、江戸曲独楽三世三増紋也師匠に入門。2008年、三増紋右衛門 襲名。2003年より武術稽古に取り組み、2005年に始めたロシア武術システマの創始者ミハイル・リャブコ師を通じて正教に出会い、2012年9月 モスクワにて洗礼を受ける。2009年より〈ロシア武術システマ多摩トレーニンググループ〉主宰。

ユーラシア文庫2
正教会《せいきょうかい》の祭《まつり》と暦《こよみ》
2015年11月27日　初版第1刷発行

著　者　クリメント北原史門

企画・編集　ユーラシア研究所

発行人　島田進矢
発行所　株式会社 群 像 社
神奈川県横浜市南区中里1-9-31 〒232-0063
電話／FAX 045-270-5889　郵便振替　00150-4-547777
ホームページ　http://gunzosha.com
Eメール info@ gunzosha.com

印刷・製本　シナノ
カバーデザイン　寺尾眞紀

ISBN978-4-903619-59-0

「ユーラシア文庫」の刊行に寄せて

1989年1月、総合的なソ連研究を目的とした民間の研究所としてソビエト研究所が設立されました。当時、ソ連ではペレストロイカと呼ばれる改革が進行中で、日本でも日ソ関係の好転への期待を含め、その動向には大きな関心が寄せられました。しかし、ソ連の建て直しをめざしたペレストロイカは、その解体という結果をもたらすに至りました。

このような状況を受けて、1993年、ソビエト研究所はユーラシア研究所と改称しました。ユーラシア研究所は、主としてロシアをはじめ旧ソ連を構成していた諸国について、研究者の営みと市民とをつなぎながら、冷静でバランスのとれた認識を共有することを目的とした活動を行なっています。そのことこそが、この地域の人びととのあいだの相互理解と草の根の友好の土台をなすものと信じるからです。

このような志をもった研究所の活動の大きな柱のひとつが、2000年に刊行を開始した「ユーラシア・ブックレット」でした。政治・経済・社会・歴史から文化・芸術・スポーツなどにまで及ぶ幅広い分野にわたって、ユーラシア諸国についての信頼できる知識や情報をわかりやすく伝えることをモットーとした「ユーラシア・ブックレット」は、幸い多くの読者からの支持を受けながら、2015年に200号を迎えました。この間、新進の研究者や研究を職業とはしていない市民的書き手を発掘するという役割をもはたしてきました。

ユーラシア研究所は、ブックレットが200号に達したこの機会に、15年の歴史をひとまず閉じ、上記のような精神を受けつぎながら装いを新たにした「ユーラシア文庫」を刊行することにしました。この新シリーズが、ブックレットと同様、ユーラシア地域についての多面的で豊かな認識を日本社会に広める役割をはたすことができますよう、念じています。

ユーラシア研究所